# LA PORCELAINE DE SÈVRES

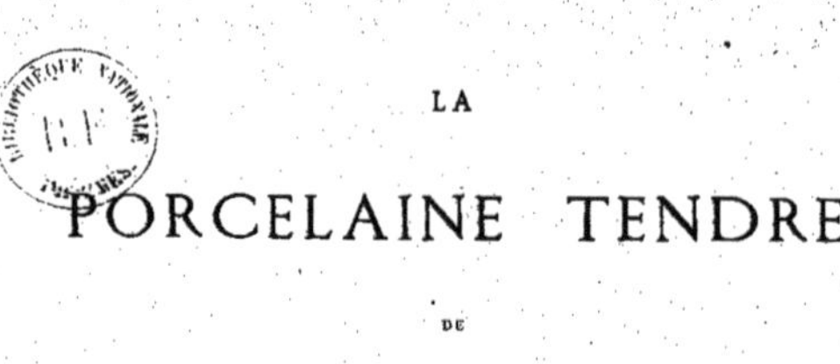

LA

# PORCELAINE TENDRE

DE

# SÈVRES

# LA
# PORCELAINE TENDRE
## DE
# SÈVRES

PAR

ÉDOUARD GARNIER

**50 PLANCHES REPRODUISANT 250 MOTIFS EN AQUARELLE**

D'APRÈS LES ORIGINAUX

*AVEC UNE NOTICE HISTORIQUE*

PARIS

MAISON QUANTIN

COMPAGNIE GÉNÉRALE D'IMPRESSION ET D'ÉDITION

7, RUE SAINT-BENOIT, 7

# I

## ORIGINES DE LA FABRICATION DE LA PORCELAINE EN EUROPE

### LA PORCELAINE DES MÉDICIS — LA PORCELAINE DE ROUEN
### MANUFACTURES DE SAINT-CLOUD, DE LILLE, DE CHANTILLY, DE MENNECY
### PORCELAINE DE MEISSEN

Les porcelaines chinoises apportées en Europe dès le XIV<sup>e</sup> siècle par les Vénitiens avaient excité partout l'étonnement et l'admiration; comme à tout ce qui venait d'Orient, le pays des merveilles, on leur attribua pendant longtemps des vertus magiques, et la matière dont elles étaient formées était regardée comme un produit en quelque sorte surnaturel. « Les siècles passez, dit Gui Panciroli [1], savant jurisconsulte italien, n'ont point veu de porcellanes qui ne sont qu'une certaine masse composée de plastre, d'œufs, d'escailles de locustes marines et aultres semblables espèces, laquelle, estant très unie et liée ensemble, est cachée soubz terre secrettement par le père de famille qui l'enseigne à ses enfans et y demeure octante ans sans voir le iour, après lesquels ses héritiers la tirent, et, la trouvant proprement disposée à quelque ouvrage, ils en font ces précieux vases transparens et si beaux à la veüe, en forme et en couleur, que les architectes n'y trouvent que redire; la vertu desquels est admirable, d'autant que *si on y met du venin dedans ils se rompent tout aussitost*. Celui qui enterre ceste matière ne la relève iamais, ains la laisse à ses enfans, nepveux ou héritiers, comme un riche thrésor pour le profit qu'ils en tirent et est de bien plus haut prix que l'or. »

C'est à cette croyance au merveilleux si généralement répandue, à ces

1. *Rerum memorabilium libri duo*, Venise, 1539 (traduction française de PIERRE DE LA NOUE, Lyon, 1617):

fables absurdes qui trouvaient créance, même auprès des hommes les plus
instruits, et qui se débitaient gravement encore dans la dernière moitié du
xvii⁰ siècle[1], que nous pensons devoir attribuer le peu de succès des recherches
tentées à différentes reprises pour fabriquer en Europe une poterie semblable.
On était tellement loin de penser que la porcelaine orientale était faite avec un
produit naturel, une sorte d'argile blanche, d'une nature particulière, il est vrai,
mais qui pouvait se trouver dans tous les pays aussi bien qu'en Chine, que les
alchimistes seuls, pendant longtemps, en cherchèrent les secrets de fabrication
et s'évertuèrent à composer une matière qui se rapprochât de celle de la porcelaine et pût imiter ces *Vases de Sinant* que les souverains seuls pouvaient
posséder. C'est ainsi qu'eut lieu, vers 1580, une tentative, bientôt abandonnée,
mais qui n'en a pas moins produit quelques œuvres intéressantes. Deux savants
attachés à la cour du grand-duc François de Médicis, Bernard Buontalenti et
Ulysse Aldrovandi, le célèbre naturaliste, fabriquèrent au château de San-
Marco, près Florence, une poterie translucide, à couverte vitreuse, qui constituait
un réel progrès pour l'époque, mais qui, sous le rapport de la blancheur et de
la finesse de la pâte, était bien loin de ressembler aux porcelaines qu'elle voulait
copier (fig. 1).

C'est seulement vers la fin du xvii⁰ siècle, alors que les Portugais d'abord,
et plus tard les Hollandais, eurent importé en Europe des quantités considérables de porcelaines chinoises, que les idées furent ramenées à un courant
plus logique et plus vrai. Mais si l'on n'ajouta plus foi aux propriétés surnaturelles
de ces porcelaines, on conserva toujours la croyance à une terre d'une nature
extraordinaire qui, suivant l'opinion des savants, ne devait se trouver exclusivement que dans l'extrême Orient, et à laquelle on donnait des noms fantastiques.
Il ne vint à l'idée d'aucun fabricant de chercher cette terre autour de lui, et, plus
tard même, lorsqu'en 1709 le hasard fit découvrir en Allemagne les gisements
de kaolin[2] d'Auë, qui permirent à Bœttger d'établir la première manufacture où
l'on ait fabriqué en Europe de la porcelaine *véritable*, cette découverte fut entou-
rée d'une sorte de légende mystérieuse qui eut cours pendant longtemps. Nous
aurions tort cependant de regretter qu'il en ait été ainsi, puisque c'est cette
croyance si généralement répandue qui a été la cause et l'origine de la fabrication
de la porcelaine *artificielle* d'invention essentiellement française.

1. Voir sur ce sujet l'*Extraordinaire* du *Mercure galant* (quartier de juillet 1678), à propos des
porcelaines de Chine que la duchesse de Cleveland fit vendre à cette époque à la foire Saint-Laurent.
2. Les *argiles à porcelaine* ou *kaolins* sont des roches terreuses de consistance friable, composées
essentiellement de *silice*, souvent visible à l'état de grain de quartz ou de sable, et d'*alumine* à l'état d'argile
blanche; elles font pâte avec l'eau.

Il y a en effet deux sortes de porcelaines : la PORCELAINE KAOLINIQUE ou PORCELAINE DURE, d'origine orientale, dont la *pâte n'est composée que de kaolin*, c'est-à-dire de cette argile blanche que l'on trouve à l'état naturel dans le sein de la terre, et à laquelle on fait simplement subir, comme à toutes les argiles employées en céramique, les opérations de broyage, de lavage, etc., et la PORCELAINE ARTIFICIELLE, connue sous le nom de PORCELAINE TENDRE[1], dont la pâte, d'une composition assez compliquée, variait suivant les fabriques, bien que les éléments constitutifs en fussent à peu près les mêmes partout. Pour trouver cette porcelaine, il a fallu évidemment plus de recherches, de travaux et de science que pour fabriquer la porcelaine dure, composée d'éléments que l'on emploie tels que la nature les donne. Suivant toutes probabilités, c'est à un faïencier de Rouen, LOUIS POTERAT, sieur de Saint-Étienne[2], dont le nom, généralement peu connu, mériterait d'être inscrit au livre d'or des grands industriels de la France, que notre pays a dû la découverte de la composition de cette belle porcelaine qui occupe la première place dans l'histoire de la céramique européenne.

Fig. 1. — *Bocca* en porcelaine de Florence dite *des Médicis*.
(Coll. de M. le baron GUST. DE ROTHSCHILD.)

Il est à présumer que Louis Poterat ne donna aucune suite à cette fabrication, soit qu'il n'ait pu établir sa porcelaine dans des conditions et à des prix qui lui permissent d'en exploiter facilement et avantageusement la vente, soit

[1]. Cette expression de *tendre* ne s'applique point à la dureté de la pâte, mais : 1° à la faible résistance de ces porcelaines à une haute température comparativement à celle qu'y présente la porcelaine dure (elles y fondent longtemps avant que cette dernière soit cuite); 2° à la tendreté du vernis qui se laisse facilement rayer par l'acier. (Cf. BRONGNIART, *Traité des Arts céramiques*, t. II, p. 444 et suiv.)

[2]. On lit dans le *Livre commode contenant les adresses de la ville de Paris*, d'ABRAHAM DU PRADEL (1690), que « le sieur de Saint-Étienne, maître de la fayencerie de Rouen, a trouvé le secret de faire en France des ouvrages de porcelaine ».

que, tout entier à la production des belles faïences qui devaient placer Rouen à la tête de l'industrie française de cette époque, il ait préféré céder sa découverte à un de ses confrères, probablement à Chicanaux, directeur de la manufacture de faïences de Saint-Cloud. Nous lisons, en effet, dans le *Dictionnaire universel du Commerce* de Savary des Bruslons, qui contient de si précieux renseignements sur l'état de l'industrie en France au commencement du xviiie siècle, les lignes suivantes : « Il y a quinze ou vingt ans, on a commencé en France

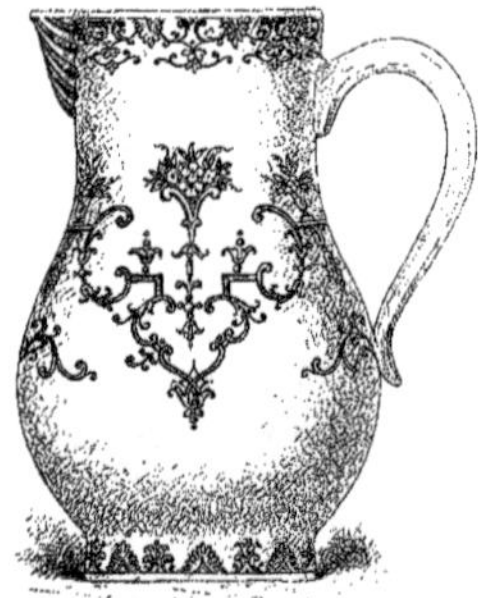

Fig. 2. — *Porcelaine de Saint-Cloud décorée en camaïeu bleu.*
(Musée des Arts décoratifs.)

à tenter d'imiter la porcelaine de Chine ; de premières épreuves qui furent faites à Rouen réussirent assez bien, et l'on a depuis si heureusement perfectionné ces essais dans les manufactures de Passy[1] et de Saint-Cloud qu'il ne manque presque plus aux porcelaines françaises, pour égaler celles de Chine, que d'être apportées de cinq ou six mille lieues loin et de passer pour étrangères dans l'esprit d'une nation accoutumée à ne faire cas que de ce qu'elle ne possède pas, et à mépriser tout ce qui se trouve au milieu d'elle. »

Ce passage du *Dictionnaire* de Savary et l'analogie frappante qui existe entre la décoration des porcelaines qui remontent au début de la fabrication de Saint-Cloud et celle des faïences de Rouen, confirment l'hypothèse que nous avons émise, et il nous paraît hors de doute que c'est à Saint-Cloud que fut établie, probablement d'après les indications de Louis Poterat, la première manufacture de porcelaine européenne[2].

Cette nouvelle porcelaine, d'un blanc laiteux à l'aspect doux et chaud, très transparente, bien fabriquée et décorée en camaïeu bleu, avec beaucoup de soin et de goût, de lambrequins et de fleurons de style bien français (fig. 2) ou de sujets en couleurs imités des décors archaïques chinois et japonais, eut un grand succès à une époque où l'on ne fabriquait encore en France que des faïences assez lourdes, et devint promptement à la mode ; tous les recueils du temps en parlent

---

1. On ne possède aucun renseignement sur cette manufacture de Passy mentionnée par Savary des Bruslons.

2. Voltaire, dans le *Siècle de Louis XIV*, dit : « On a commencé à faire de la porcelaine à Saint-Cloud avant qu'on en fît dans le reste de l'Europe. »

avec de grands éloges, et le célèbre docteur anglais, Martin Lister, qui accompagnait en France le duc de Portland et qui employa les six mois de son séjour à Paris à visiter les savants, les bibliothèques, les collections d'amateurs et les manufactures, disait, dans la relation qu'il a publiée de son voyage [1], qu'il regardait « comme un bonheur de notre époque d'égaler ainsi, si ce n'est même de surpasser, les Chinois dans leur plus bel art ».

Saint-Cloud ne conserva pas pendant bien longtemps le monopole de la fabrication de cette nouvelle poterie, soit, ainsi que cela devait se produire quelques années plus tard pour la porcelaine de Meissen, que des ouvriers infidèles aient porté le secret de sa composition à une manufacture rivale, soit que quelques céramistes intelligents aient à leur tour cherché et trouvé ce que d'autres étaient parvenus à faire avant eux. Toujours est-il que de nouvelles fabriques s'élevèrent bientôt sur divers points du territoire : à Lille, en 1711; à Chantilly, en 1725; à Mennecy-Villeroy, vers 1735.

La manufacture de Lille, fondée par Barthélemy Dorez et son neveu Pierre Pélissier, n'occupe pas une grande place dans l'histoire de cette branche de la céramique; elle chercha surtout à imiter les porcelaines

Fig. 3. — *Porcelaine de Chantilly,*
décoration polychrome imitée du décor archaïque
japonais.
(Coll. de M. Paul Gasnault.)

de Saint-Cloud, dont elle copiait, mais avec moins de finesse dans l'exécution, les décors en camaïeu bleu, sans pouvoir donner à sa pâte ce beau blanc laiteux qui est un des charmes et un des caractères des porcelaines de Saint-Cloud.

Il n'en est pas de même de Chantilly ; fondée en 1725 par Cirou, cette manufacture prit rapidement une assez grande extension, grâce à la protection que lui accorda Louis-Henri, prince de Condé, grand amateur de porcelaines orientales, dont il possédait une remarquable collection où les artistes de la nouvelle manufacture puisèrent d'excellents modèles, et surtout ces décors de style archaïque imité des porcelaines d'Imari, qui marquèrent les débuts de la fabrication (fig. 3).

1. *Account of Paris, or a Journey to Paris in the year 1698.*

Les produits de Chantilly montrent bien la période de recherches et de tâtonnements que traversait alors cette fabrication de la porcelaine qui ne reposait sur aucune base fixe. Leur émail, ou *couverte*, dans lequel il entre de l'étain, est opaque comme celui des faïences, alors que dans toutes les autres porcelaines tendres il est vitreux et transparent; mais sur ce bel émail particulier à Chantilly, les couleurs acquéraient une finesse de ton et une harmonie générale que l'on trouve rarement dans les produits céramiques de cette

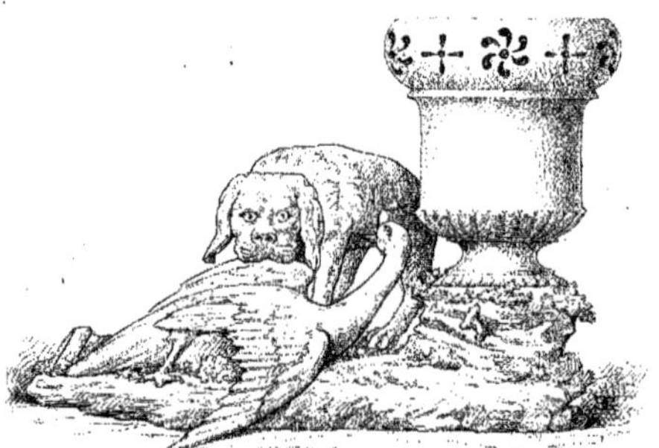

Fig. 4. — Porcelaine blanche de *Mennecy*.
(Coll. de M. Paul Gasnault.)

époque, et qui justifient le haut prix que les amateurs délicats attachent à cette porcelaine.

Quant à la fabrique de Mennecy, établie sur le domaine du duc de Villeroy qui la patronnait, quoique ses porcelaines à pâte fine et transparente soient généralement d'une bonne fabrication et décorées avec beaucoup de goût de fleurs polychromes ou de paysages en camaïeu de couleurs variées exécutés souvent avec talent, elle ne produisit rien de très remarquable. Comme Saint-Cloud et Chantilly, elle fabriqua une quantité de porcelaines imitant le *blanc de Chine* (fig. 4), surtout de charmantes pièces portant en relief des branches de pêcher ou de pommier en fleur, et ces mille petits objets d'un usage journalier, si fort à la mode au siècle dernier et que leur fragilité même a rendus si rares aujourd'hui : boîtes à *mouches*, bonbonnières et tabatières aux riches montures d'argent ou de vermeil, pommes de canne, manches de couteau, etc., d'un art coquet et délicat, auquel l'émail doux et limpide de la porcelaine tendre ajoutait un charme de plus.

Mais alors que la fabrication de la porcelaine suivait en France une marche aussi lente, un fait considérable s'était produit en Allemagne, où BŒTTGER avait trouvé, avec le kaolin découvert à Auë en 1709, le moyen de faire de la véritable porcelaine, se rapprochant bien plus que la nôtre de la porcelaine orientale. La manufacture établie sous sa direction, par les soins de l'électeur de Saxe dans l'*Albrechtsburg* de Meissen, prit un développement rapide, et la porcelaine de Saxe devint bientôt tellement à la mode en Europe, que la France, qui jusqu'a-lors avait occupé le premier rang pour tout ce qui touchait aux industries de luxe, fut forcée de s'abaisser devant la perfection incontestable des produits de Meissen.

## MANUFACTURE DE VINCENNES

On s'inquiéta beaucoup dans l'entourage du roi Louis XV de cet état d'infériorité relative, et l'on comprit que de sérieux efforts devaient être tentés pour y remédier au plus tôt.

Aussi, lorsque, vers 1740, les deux frères Dubois, transfuges de la manufacture de Chantilly, vinrent proposer à Orry de Fulvy, frère du contrôleur général des finances, de lui livrer le secret de la fabrication de la porcelaine, ils trouvèrent en lui un homme d'autant mieux disposé à les accueillir avec empressement qu'il était certain, de son côté, d'obtenir de Louis XV tous les encouragements et tous les privilèges nécessaires pour aider à ses débuts la manufacture qu'il voulait fonder, et qui devait affranchir la France du tribut qu'elle payait à l'Allemagne.

Ces deux frères Dubois avaient, dans le principe, travaillé à la manufacture de Saint-Cloud, puis à celle de Chantilly d'où leur inconduite les avait fait chasser. Mais les esprits, à cette époque, étaient tellement tendus vers la fabrication de la porcelaine, et les produits fins et coquets que la Saxe envoyait en France étaient si recherchés et y jouissaient d'une si grande vogue, que leur proposition fut reçue avec enthousiasme et sans que l'on cherchât à contrôler leur passé. Grâce à l'appui de son frère, Orry de Fulvy put mettre à la disposition de ses deux collaborateurs le manège du château de Vincennes qui, depuis longtemps, était abandonné, et leur fit accorder en outre un logement dans les bâtiments de la surintendance.

Malheureusement pour leur noble protecteur, les frères Dubois durent quitter Vincennes après quatre années d'essais infructueux et de tâtonnements coûteux, dont l'insuccès était dû autant à leur incapacité et à leur ignorance qu'à leur mauvaise conduite, et dans lesquels ils avaient englouti non seulement tout l'argent qu'Orry de Fulvy avait mis à leur disposition, mais encore une somme de dix mille livres que le roi avait accordée, à titre de premier encouragement, à la nouvelle entreprise.

L'affaire allait donc être abandonnée tout à fait lorsqu'un ouvrier nommé Gravant, homme loyal, intelligent et dévoué, qui avait été employé par les frères Dubois et qui avait suivi leurs essais avec attention, proposa à M. de Fulvy de continuer, pendant quelque temps encore, les recherches avec lui. Il prouva bientôt que la confiance qu'il avait su inspirer avait été bien placée, et, dès 1745, il put montrer des spécimens de fabrication assez parfaits pour que l'avenir parût assuré.

C'est alors qu'Orry de Fulvy, toujours patronné par son frère, constitua une Société dont les membres fondateurs étaient presque tous intéressés dans les *Fermes*, et dont le fonds social, fixé dans le principe à quatre-vingt-dix mille livres, et divisé en vingt et une parts [1], fut successivement augmenté et porté à deux cent cinquante mille livres.

Un arrêt du Conseil, daté du 24 juillet 1745, reconnut l'existence de la Société et fixa à vingt ans la durée des privilèges exceptionnels qui lui furent accordés.

La nouvelle manufacture avait donc tout ce qu'il fallait pour prospérer ; cependant ses débuts furent difficiles et bien souvent le roi Louis XV dut venir à son aide en lui envoyant des sommes assez importantes. Nous devons dire, à la vérité, qu'Orry de Fulvy, qui l'avait créée et qui en avait la direction, ne paraît pas avoir été un administrateur bien habile, ni très apte à imprimer une marche nettement définie aux travaux qu'il était appelé à faire exécuter. Il en résulta une période de tâtonnements qui fut des plus préjudiciables à l'établissement, et qui est caractérisée surtout par ce manque d'originalité que l'on remarque dans les premières porcelaines qui y furent fabriquées.

On cherchait, avant tout, à lutter contre les porcelaines allemandes, et, sans copier servilement les formes et les modèles de Meissen, on en imita cependant l'ornementation en relief, mais avec un goût plus discret et un sentiment décoratif plus fin. Comme en Saxe on fit de charmants petits vases ornés de fleurs modelées et peintes *au naturel*, et ce genre, qui eut un grand succès au début, conduisit à la fabrication des fleurs en relief, destinées à orner les appliques, les lustres et les girandoles, qui commencèrent à établir la réputation de la manufacture.

---

[1]. Un des premiers et des principaux actionnaires fut le fermier général Roussel, dont la collection de tableaux, d'estampes, de bronzes et de porcelaines était célèbre.

Pendant les premières années, cependant, la vente fut insignifiante — en 1750, elle n'était encore que de 32,696 livres 4 sols, sur lesquels il y avait 26,323 livres pour les fleurs, — et les porcelaines allemandes, dont le prix était moins élevé, continuèrent à être importées en France en quantités considérables; sous ce rapport, la nouvelle entreprise ne répondait ni au but que s'étaient proposé ses fondateurs, ni aux espérances que l'on avait conçues en haut lieu. Au point de vue financier, c'était un désastre : l'argent que les intéressés avaient mis dans l'affaire, les sommes que le roi avait avancées[1], tout était englouti et le gouffre se creusait chaque année davantage.

On comprit alors qu'il y avait une autre marche à suivre et que le succès ne pouvait venir qu'à la condition de tenter un grand effort.

D'après les conseils de J.-B. de Machault, comte d'Arnouville, qui avait succédé à Philibert Orry[2] dans la charge de contrôleur général des finances, et de M<sup>me</sup> de Pompadour, dont l'intelligence éclairée protégea si efficacement l'art et l'industrie, Louis XV prit la manufacture sous son patronage, renouvela pour vingt années les privilèges qu'il lui avait accordés, et lui avança de nouvelles sommes assez importantes. Le directeur de l'Académie des sciences, le savant HELLOT[3], fut chargé de surveiller tout ce qui avait rapport à la fabrication, et de s'occuper plus spécialement de ce qui concernait les pâtes, les couleurs et la cuisson; l'orfèvre de la cour, DUPLESSIS, artiste ingénieux et fécond, eut pour mission de fournir les dessins des formes et de donner tous ses soins à la parfaite exécution des pièces, dont la peinture et la dorure étaient faites sous la direction de MATHIEU, peintre en émail, qui ne manquait pas de talent, mais qui fut cependant remplacé bientôt par BACHELIER, homme d'initiative, de goût et de savoir, dont l'heureuse influence se fit sentir sur tous les arts industriels de cette époque, et auquel Vincennes et Sèvres durent certainement les œuvres les plus parfaites qui soient sorties de leurs fours.

En 1751, la mort du principal intéressé, Orry de Fulvy, en plaçant la Compagnie dans l'obligation de rembourser à sa succession les parts d'actions qui lui revenaient, fit abréger la durée de l'association. Un second arrêt du Conseil, rendu le 19 août 1753, réorganisa la Société sur d'autres bases et limita à douze ans la durée d'un nouveau privilège qui fut concédé au nom d'ÉLOY BRICHARD. Les progrès de tout genre qu'avait faits la manufacture depuis son installation

---

1. 40,000 livres en 1747, 30,000 livres en 1748 et 30,000 en 1749.

2. PHILIBERT ORRY, comte de Vignori, né le 22 janvier 1689, exerça les fonctions de contrôleur général du 20 mars 1730 au 5 décembre 1745; il mourut le 9 novembre 1747.

3. JEAN HELLOT, né à Paris le 20 novembre 1685, mourut le 15 février 1766.

décidèrent le roi à s'intéresser pour un tiers dans son exploitation, et à s'en déclarer le protecteur avoué ; il l'autorisa à prendre le titre de *Manufacture royale de la porcelaine de France* et à marquer doré-navant de son chiffre les pièces qu'elle fabriquerait :

Le local dont on pouvait disposer à Vincennes devenait insuffisant par suite du développement con-sidérable que prenait la fabrication, et la Compagnie, poussée en outre par le désir de rapprocher la manufacture du séjour habituel du roi, dut bientôt chercher un nouvel emplacement. Elle choisit Sèvres[1], dont la situation entre Paris et Versailles répondait au but qu'elle se proposait, et en 1756 la manu-facture y fut solennellement installée, dans des bâtiments construits sur un terrain où s'élevait autrefois un petit château ayant appartenu à Lulli, et dont il reste encore aujourd'hui un pavillon.

Le souvenir de l'ancienne manufacture s'effaça vite, et bientôt, alors comme aujourd'hui, on ne connut plus que Sèvres ; mais il n'en est pas moins vrai que c'est à Vincennes que furent fabriquées, de 1748 à 1756, les plus belles pièces de pâte tendre, celles qui établirent dans toute l'Europe la renom-mée de la *porcelaine de France*.

1. Cf. *Arrest du Conseil d'État* qui évoque les contestations nées et à naître concernant la construc-tion des bâtiments destinés à la *Manufacture royale de la porcelaine de France*, au village de Sèvres. — 4 juin 1754.

III


LA MANUFACTURE DE SÈVRES


D'après l'organisation de la nouvelle Compagnie, le fonds social avait été
porté à deux cent quarante mille livres, divisées en quatre-vingts actions de trois
mille livres chacune, dont un tiers, ainsi que nous l'avons vu plus haut, appartenait à Louis XV ; en outre, les secrets de la fabrication des pâtes et des
couleurs sur lesquels reposait l'entreprise devinrent, du consentement de·tous
les membres, la propriété exclusive du roi qui en réserva la connaissance à ses
seuls agents. On choisit pour directeur un homme intelligent et intègre, Boileau, dont l'administration était contrôlée par un commissaire nommé à cet
effet, et l'on adjoignit au personnel artistique, Falconet, sculpteur du roi, qui
prit la haute direction des travaux de sculpture, et Genest, peintre de talent,
qui fut nommé chef des peintres sous la direction de Bachelier. Boucher et
Vanloo fournirent des esquisses pour la peinture des cartels et des dessins
pour des figures et des groupes qui étaient modelés par d'habiles sculpteurs et
exécutés en *biscuit*.

L'établissement fit alors de tels progrès et la fabrication y arriva à un si
haut degré de perfection que la France qui, en 1745, était obligée de tirer de
l'Allemagne toutes ses porcelaines de luxe, trouva en moins de quinze ans, dans
la perfection des produits de la manufacture royale, non seulement le droit de
les préférer à toutes les autres porcelaines, mais aussi celui de les envoyer avec
orgueil aux nations étrangères qui les recherchaient avec empressement. Dans
les seules années 1756 et 1758, les ventes se montèrent à 210 et 274,000 livres.

Malgré cet état prospère, l'année 1759 vit naître entre le commissaire royal
et la Compagnie un différend dont les suites amenèrent la dissolution de la
société. Peu satisfaits, à tort ou à raison, des résultats financiers de l'exploita-

tion, les actionnaires voulurent obtenir du roi de nouvelles concessions ; mais, à la suite de l'enquête qui fut faite à cette occasion, leurs réclamations parurent si peu fondées que le ministre n'y donna aucune suite, malgré la menace qu'ils firent de se retirer. Ce fut, au contraire, le roi qui, sur l'avis de son Conseil, ordonna de leur rembourser leurs parts, et, par cet acte, devint seul propriétaire de la manufacture, qui reçut une subvention annuelle de quatre-vingt-seize mille livres payables par douzièmes sur le trésor royal, et à la tête de laquelle il maintint Boileau, qui l'avait si bien dirigée jusqu'alors.

A cette époque, la fabrication reposait tout entière sur les procédés de la porcelaine *artificielle*, désignée sous le nom de *porcelaine tendre*, sans rivale si on la juge au point de vue artistique, mais d'une qualité médiocre dans ses applications aux usages domestiques, et hors d'état de soutenir la comparaison, sous ce rapport, avec les porcelaines dures que l'on tirait de la Chine ou qui venaient d'Allemagne. Aussi la manufacture, qui avait pour mission d'annuler toute concurrence étrangère, accepta-t-elle avec empressement les propositions de deux ouvriers allemands, Busch et Stadelmeyer, qui offraient de révéler le secret de la porcelaine de Saxe; mais, après plusieurs essais plus ou moins satis-faisants pour lesquels on ne dépensa pas moins de vingt-six mille livres, elle dut bientôt les renvoyer, leur procédé reposant exclusivement sur l'emploi de matières que l'on n'avait pas encore rencontrées en France, et qu'il eût fallu faire venir à grands frais de l'étranger. La même cause, quelques années plus tard, fit encore rejeter les offres de Hannong, héritier des procédés dont son père avait fait usage dans ses manufactures de Strasbourg et de Frankenthal.

Cependant plusieurs savants, entre autres MACQUER, qui avait été attaché comme chimiste à la manufacture après la retraite de Hellot, étaient persuadés que le kaolin devait se trouver en France aussi bien qu'en Allemagne, où on en avait découvert de nombreux gisements, et avaient appelé sur ce sujet l'attention de leurs confrères de la province. Leurs prévisions se réalisèrent et par une lettre en date du 26 avril 1760, un médecin d'Alençon, Odolant Desnos, informait Macquer que la précieuse matière se trouvait dans les carrières de Hertré, où les ouvriers la désignaient sous le nom de *chenar;* malheureusement ce kaolin était de qualité inférieure et les essais que l'on en fit ne donnèrent qu'une porcelaine grise, trop grossière pour pouvoir lutter contre les porcelaines allemandes [1].

1. Les essais, abandonnés par Macquer, furent repris en 1764, mais avec aussi peu de succès, par le comte de BRANCAS-LAURAGUAIS, qui cherchait avec obstination le secret de la porcelaine dure; il en existe des spécimens dans les musées et les collections; ce sont surtout des médaillons surmoulés, portant au revers les initiales du céramiste grand seigneur, B. L., accompagnées parfois d'une date.

Macquer ne se découragea pas et fit continuer les recherches; mais ce ne fut qu'en 1768 qu'il put reconnaître les magnifiques gisements de kaolin de Saint-Yrieix, près Limoges, dont la découverte fortuite était due à la femme d'un modeste chirurgien du pays, nommé Darnet, et dont les premiers échantillons lui avaient été envoyés par l'archevêque de Bordeaux. On conserve au musée de Sèvres un fragment de ce kaolin et une figurine de *Bacchus enfant* que Macquer fit faire à la suite de cet envoi.

La manufacture avait enfin atteint le but de sa suprême ambition; mais son habile administrateur, Boileau, qui l'avait dirigée avec tant d'intelligence, ne devait pas bénéficier du fruit de cette découverte, et mourait en 1773, laissant en caisse trois cent mille livres en espèces, et une valeur égale en porcelaines, en créances actives et en provisions de toute nature, bois pour la cuisson, couleurs, or, etc., sans compter le matériel ; tout cela fut dissipé en moins de six années par les dépenses irréfléchies et surtout par la gestion infidèle de son successeur, Parent, que l'on dut poursuivre et mettre en prison.

Par un arrêté en date du 20 décembre 1778, le roi nomma à la place du directeur révoqué, Régnier, qui avait occupé les fonctions de sous-directeur, et dont les capacités et surtout l'intégrité étaient connues de tous. C'est sous son habile direction que furent commencés les premiers travaux un peu importants exécutés en porcelaine dure et notamment les grands et magnifiques vases dont le Louvre possède un spécimen si remarquable ; c'est également de cette époque que datent la première application des émaux en relief sur la porcelaine tendre et les copies de tableaux de maîtres sur de grandes plaques de porcelaine.

Au commencement de 1789, la manufacture de Sèvres ne connaissait pas de rivale ; sa réputation, justement méritée, excitait dans l'Europe entière l'admiration, et les souverains étrangers se disputaient à l'envi ses produits. Mais bientôt l'annulation des privilèges sous la protection desquels elle avait grandi et prospéré, ainsi que la concurrence commerciale que lui fit l'industrie nationale, affranchie des obstacles qui jusqu'alors avaient entravé sa marche et qui, pour pouvoir lutter avec elle, lui enlevait ses meilleurs ouvriers, rendirent sa position critique et menacèrent d'autant plus sérieusement son existence que les embarras financiers du Trésor ne permettaient plus aucun sacrifice pour elle[1] et qu'il était impossible à ses agents de faire rentrer dans ses caisses l'argent qui lui était dû de toutes parts. La situation difficile dans laquelle se trouvait alors l'établissement est dépeinte d'une façon bien expressive dans les lettres désolées qu'écrivait

---

1. La subvention accordée à la manufacture pendant l'année 1789 s'éleva à peine à 59,000 livres.

à ce sujet au comte d'Angivilliers, surintendant général des bâtiments royaux, le savant mathématicien J. de Montucla, premier commis à la direction, spécialement chargé de tout ce qui concernait la manufacture. « Plus je réfléchis, Monsieur, disait-il dans sa lettre du 8 septembre 1789, sur l'état des choses, plus je me convaincs de la nécessité de trouver le moyen de diminuer la fabrication d'un bon tiers. Il en résultera une épargne proportionnée sur tous les objets de consommation. D'ailleurs, tout ce qui tient à luxe est sabré pour quelques années. Paris s'anéantit peu à peu. Tous les gens opulens vont planter leurs choux dans leurs terres. Voilà la maison d'Artois flambée pour longtemps. Il y aura de fortes réformes chez le Roi, chez la Reine, chez Monsieur, etc., etc. Les seigneurs de la cour sont ruinés..... A quoi parer avec cela, ayant probablement deux mois à payer en janvier, de seize à dix-sept mille livres chacun ? En vérité, soit dit entre nous, je crains fort que nous ne subsistions pas jusquelà, ou si nous allons là que ce ne soit pour quelques mois après..... A moins de quelque expédient que je ne vois pas, il me paroît que nous sommes dans un danger imminent..... Enfin, je vous le dirai franchement, je ne vois pas de quel bois faire flèche. Personne ne paye l'ancien ; on n'achète presque pas en ce moment ; j'ai tous les créanciers (ou du moins une bonne partie) de la manufacture sur le corps ; je serai bientôt obligé de m'absenter ou de me cacher... »

Les choses allèrent en empirant, à un tel point qu'il fut question, en 1790, de vendre la manufacture, afin de pouvoir payer les dettes et alléger ainsi d'autant les charges de la couronne ; mais sur le rapport que lui fit le directeur des bâtiments royaux, représentant au roi que la vente serait désavantageuse, et que, du reste, on n'en pourrait jamais réaliser le montant dans les circonstances difficiles où l'on se trouvait, Louis XVI se décida à la conserver et écrivit de sa propre main au bas du rapport les lignes suivantes [1], dont nous respectons scrupuleusement l'orthographe :

« Je garde la manufacture de Sèvres à mes frais ; mais je veux qu'on en diminue et règle la dépense de manière qu'elle ne dépasse pas cent mille écus, et que les mois des ouvriers, à datter de la fin de cette année, ne passent pas douze mille livres, si on ne le peut pas plus fort. On payera les dettes sur les produits des ventes, et je ne veux pas qu'il y en ait, ce qui est très facile au moyen que je fais fournir les fonds par mois sur les dépenses de mes bâtimens.

« Je veux qu'il soit dressé un plan d'administration œconomique d'ici à la fin de l'année. L'on tiendra un état exact, soit des fournitures qui me seront

[1]. ARCHIVES NATIONALES, *Ancien régime*, o'2061.

faittes, soit des ventes dont les fonds me seront remis après l'acquittement des dettes, afin que je puisse juger en connoissance de cause s'il ne (*sic*) convient de la garder ou de m'en défaire d'une manière plus avantageuse qu'on ne feroit dans ce moment-cy.

« A Saint-Cloud, le 7 aoust 1790. »

L'Assemblée nationale, à son tour, jugea que la manufacture de Sèvres, non plus que celle des Gobelins, du reste, ne devaient être *ni confondues ni aliénées* avec les *biens dits nationaux,* et, par son décret du 26 mai 1791, elle les comprit parmi les *domaines* laissés à la disposition du roi et à la charge de sa liste civile.

Après la chute de la royauté, la Convention, sur le rapport du ministre Roland, décida que la manufacture, « étant une des gloires de la France, serait conservée comme établissement national » et rattachée au Département de l'Intérieur, division de l'Agriculture et des Arts. Mais pendant quelques années, le vide qui se fit dans sa caisse fut tel que l'administration, dans l'impossibilité où elle était d'accorder la plus légère rémunération en argent à ceux des artistes et ouvriers qu'elle avait pu conserver, fut obligée, en attendant des jours meilleurs, de solliciter du gouvernement des distributions *en nature* de grains et de denrées provenant des magasins de l'État, ainsi que l'autorisation de mettre en loterie les porcelaines qui restaient en magasin, afin de leur procurer un peu d'argent [1].

Par arrêté en date du 13 pluviôse an III (1ᵉʳ février 1795), l'administration de la manufacture qui, pendant les plus mauvais jours de la Révolution, avait été usurpée, pour ainsi dire, par un ouvrier nommé CHANOU, fut confiée à trois directeurs : HETTLINGER, qui remplissait les fonctions d'inspecteur depuis 1785, SALMON aîné, garde-magasin général, et FRANÇOIS MEYER, chimiste, qui donna sa démission quelques semaines après sa nomination et ne fut pas remplacé. Hettlinger et Salmon restèrent en fonctions jusqu'au 25 floréal an VIII (14 mai 1800), époque à laquelle le savant chimiste BRONGNIART fut appelé à leur succéder. Administrateur ferme et éclairé, il commença par faire de nombreuses réformes que rendait nécessaires la situation précaire dans laquelle il avait trouvé l'établissement dont on lui avait remis la direction, et donna un rare exemple de désintéressement en proposant de réduire son propre traitement de six mille francs à trois mille; il arriva bientôt ainsi à soutenir la manufacture avec les seules ressources qu'elle tirait du produit de ses ventes

---

1. Cf. *La Manufacture de Sèvres en l'an VIII,* par ÉDOUARD GARNIER; in-8°. Paris, Champion, 1888.

jusqu'au jour où, en 1804, elle fut rattachée au domaine de la couronne et administrée pour le compte de l'Empereur, qui pourvut à ses besoins au moyen de budgets annuels. Cet usage s'est maintenu depuis lors sans discontinuer, malgré les tentatives qui furent faites, à deux reprises différentes, en 1830 et en 1848, pour obtenir sa suppression.

Mais à dater du jour où Brongniart en prit la direction, la *porcelaine tendre*, la seule dont nous ayons à nous occuper actuellement, disparut complètement pour céder la place à la porcelaine kaolinique ou *porcelaine dure*. Nous arrêterons donc ici ce court résumé historique pour étudier les phases successives par lesquelles ont passé, pendant la période que nous venons de parcourir, la fabrication et la décoration de cette porcelaine qu'aucun autre produit céramique n'a pu égaler jusqu'à présent.

## FABRICATION ET DÉCORATION DE LA PORCELAINE TENDRE

Ainsi que nous l'avons dit plus haut, la pâte de la porcelaine *tendre,* appelée, dans le principe, *porcelaine française,* était faite de matières différentes qui variaient suivant les fabriques. Celle de Sèvres se composait de sable de Fontainebleau, de salpêtre, de sel marin, de soude d'Alicante, d'alun et de gypse ou rognures d'albâtre ; toutes ces matières, mélangées ensemble, étaient mises dans un four où on en formait une couche d'un pied d'épaisseur, et dans lequel elles cuisaient pendant au moins cinquante heures ; elles en sortaient alors à l'état de *fritte* ou de pâte vitrifiée parfaitement blanche. Cette fritte, bien broyée, était ensuite mélangée avec de la marne d'Argenteuil dans la proportion de neuf livres de fritte pour trois livres de marne, et formait ainsi une pâte qui était malaxée au moulin pendant environ trois semaines ; on la laissait ensuite sécher dans des auges, puis on l'écrasait au moyen de cylindres, on la blutait et on l'imbibait d'eau pour en former des ballons auxquels on donnait de la plasticité avec du savon vert et de l'eau bouillante ; ces différentes opérations demandaient un soin considérable.

La préparation de la couverte, ou émail, n'exigeait pas de moins grandes précautions ; elle se composait de sable de Fontainebleau, de litharge, de sel de soude, de silex ou *pierre à fusil* de Bougival et de potasse ; on broyait et on mélangeait ensemble toutes ces matières, puis on les fondait sous le four dans des creusets où elles passaient à l'état de cristal que l'on réduisait en poudre et qui, additionné d'eau, formait un bain d'émail.

Les pièces étaient cuites une première fois en biscuit, puis émaillées par *arrosement* et non par trempage ; afin de mieux faire adapter l'émail au biscuit, on y mélangeait du vinaigre blanc au moment de l'employer.

Les détails qui précèdent nous ont paru nécessaires pour bien faire comprendre quelle était la nature de la porcelaine tendre ; ainsi qu'on le voit, c'est une sorte de vitrification dont la texture est tellement fine et serrée que les parties non émaillées présentent au toucher une douceur et, pour ainsi dire, un velouté que ne possède pas la porcelaine dure. Mais ce qui, par-dessus tout, constitue la supériorité de la pâte tendre, c'est la glaçure qu'elle communique aux couleurs, qui semblent ne faire qu'un avec l'émail dans lequel elles sont, en quelque sorte, entrées et avec lequel elles ont fondu. C'est là un des signes distinctifs de cette porcelaine, et c'est ce qui, à défaut d'autres caractères, suffirait à la faire reconnaître. Quand on regarde une porcelaine tendre à *jour frisant*, de telle façon que la lumière frappe moitié sur une partie peinte et moitié sur une partie blanche, on n'aperçoit aucune différence dans la glaçure ou émail des deux parties : tout est de la même limpidité. Lorsque, au contraire, on regarde de la même façon une porcelaine dure, on aperçoit une certaine différence; si bien glacées que soient les couleurs, elles paraissent moins brillantes que l'émail et ne font plus corps avec lui.

Mais la porcelaine tendre, par sa nature même, ne pouvait convenir à la fabrication des vaisselles d'usage domestique, parce qu'elle se rayait trop facilement, de même que, par suite du peu de plasticité de sa pâte, elle ne se prêtait pas à la confection des pièces d'une grande dimension; aussi, malgré sa supériorité incontestable au point de vue artistique, fut-elle vite laissée de côté lorsque la découverte du kaolin en France permit de fabriquer de la porcelaine dure.

Nous avons vu que, dès le début, la manufacture de Vincennes avait cherché avant tout à lutter contre les porcelaines allemandes et qu'elle avait imité, sans les copier servilement, les formes et les modèles de Meissen. C'est l'époque de ces charmants petits vases *sur terrasses*, de ces *pots-pourris* élégants, à la base et sur la panse desquels courent des branches chargées de fleurs et de feuilles délicatement modelées en relief et peintes à *l'instar du naturel*, comme on disait alors. Ce genre, qui eut beaucoup de succès, conduisit à la fabrication des fleurs en relief, par où commença véritablement la réputation de la nouvelle manufacture et dont la vente atteignit à un certain moment un chiffre relativement considérable[1].

La décoration peinte, à part celle des reliefs qui n'était à proprement parler

---

1. La vente des fleurs atteignit en 1749 — la première année de vente — la somme de 36,700 livres 12 sols, alors que celle des porcelaines proprement dites n'était que de 7,269 livres 19 sols. En 1750, les ventes ne montent qu'à 32,696 livres 4 sols, dont 26,323 pour les fleurs.

qu'un coloriage, n'existe pas encore. Il n'y avait pas à ce moment de peintres sur porcelaine. A Saint-Cloud, à Lille et à Chantilly, les seules fabriques qui existassent à cette époque, on ne décorait les porcelaines qu'au moyen d'*à-plats* en camaïeu bleu ou de motifs polychromes au trait reproduisant les décors archaïques japonais; ce n'était pas là de la peinture. La nouvelle manufacture, usant du privilège qui lui avait été concédé à elle seule, de dorer les porcelaines françaises, commença par peindre sur la panse des petits vases et dans le fond des assiettes, des fleurs détachées ou de légers bouquets en plein or mis en épaisseur et dessinés par brunissage *au clou*[1]; mais il était nécessaire de faire autre chose et on dut, pour former un atelier de décoration, s'adresser aux peintres sur éventails, nombreux alors, et aux émailleurs. Les uns et les autres conservèrent, au moins pendant un certain temps, et employèrent sur la porcelaine les procédés très différents qui leur étaient propres et on peut facilement, sur les premières pièces sorties des fours de Vincennes, reconnaître par qui la peinture a été exécutée.

Les éventaillistes, généralement peintres de figures, habitués à ne se servir que de couleurs à la gouache, ont, au début, une exécution lourde et un peu pâteuse; ils abusent des lumières obtenues au moyen du blanc de rehaut pur ou légèrement coloré; peu familiarisés avec leur nouvelle palette, ignorant les effets qui se produisent sous l'influence du feu, ils se servent des mélanges ordinaires, sans se douter que certaines couleurs sont *dévorées* par d'autres qui s'exaltent à la cuisson et que certains oxydes, au contraire, baissent de telle façon qu'ils ne donnent pas la moitié de la valeur qu'ils avaient avant leur passage au four; de là ces colorations bizarres que l'on remarque dans les peintures d'un grand nombre de pièces datant de cette époque: les verts trop bruns et surtout trop jaunes, les chairs couleur de brique, etc., etc.

Les seconds, au contraire, presque tous peintres de fleurs, d'oiseaux ou d'ornements, accoutumés à peindre d'une façon un peu précieuse des bijoux ou des objets de petite dimension sur un émail déjà cuit et qui se rapprochait, par sa nature et sa blancheur, de la couverte de la porcelaine, procèdent par traits fins et délicats; leurs fleurs sont plutôt dessinées en couleur que véritablement peintes; on en peut compter les coups de pinceau. A part un peu de sécheresse cependant, cette seconde manière convenait bien aux porcelaines élégantes et fines de la nouvelle manufacture, et beaucoup de pièces ainsi décorées peuvent être classées parmi les œuvres les plus séduisantes de la céramique française.

1. Ce brunissage *au clou* est, ainsi que nous le verrons plus loin, un des signes qui permettent de reconnaître les véritables pâtes tendres décorées à Sèvres.

Cette période de tâtonnements dura peu, et lorsque la manufacture, protégée officiellement par Louis XV, prit une importance assez considérable pour que les savants et les artistes que nous avons nommés plus haut fussent appelés à y diriger la fabrication et la décoration, ils trouvèrent un atelier de peintres ayant déjà l'expérience de la porcelaine, connaissant toutes les ressources du métier et pouvant exécuter avec une habileté sans rivale les modèles qu'ils avaient à reproduire.

Ce fut alors que commença cette époque si brillante pendant laquelle la manufacture, surtout au début, c'est-à-dire de 1748 à 1760, produisit les pièces exceptionnellement belles qui établirent sa réputation. Jamais le fameux *bleu de Sèvres* n'a atteint un éclat, une pureté et une profondeur comparables, jamais les ors n'ont été plus solides et plus brillants, faisant mieux valoir par opposition le blanc délicatement laiteux de la pâte. C'est l'époque où Hellot trouva ce beau rose si franc de ton et si éclatant, qui pouvait être employé en épaisseur pour les fonds, et dont le secret semble s'être perdu avec lui ou avec celui qui le préparait sous sa direction, puisque, malgré l'admiration qu'il excita et la grande vogue qu'il obtint, on n'en trouve pas une seule pièce portant une date postérieure à 1761. C'est ce rose que, d'après la désignation un peu fantaisiste d'un amateur ou d'un marchand à l'imagination active, on appelle depuis longtemps, surtout en Angleterre, *rose Du Barry*, bien que la plupart des pièces ainsi décorées remontent à une date où M<sup>me</sup> Du Barry était à peine née [1].

C'est également à Hellot que l'on doit le *bleu turquoise*, d'un ton doux et d'une suavité harmonieuse quand il est posé sur une surface unie, mais, sur lequel, au moindre relief, la lumière joue en vibrations et en transparences inattendues qui lui donnent l'éclat des pierres les plus précieuses.

Ainsi que nous l'avons dit, c'est à Vincennes que furent fabriquées les plus belles pièces de pâte tendre, celles qui établirent dans toute l'Europe la renommée de la *porcelaine de France*, comme on l'appelait alors. Mais à partir du moment où Louis XV prit la manufacture à son compte, les intendants de la maison du roi qui étaient chargés de sa haute administration et les directeurs qui avaient une remise assez élevée sur les ventes, cherchèrent par tous les moyens possibles, les premiers par zèle, les seconds par intérêt, à faire prospérer le nouvel établissement au point de vue commercial, bien plus que sous le rapport vérita-

---

1. Sur les trente-cinq pièces à fond rose qui figuraient à l'exposition du South-Kensington Museum en 1862 et qui provenaient des collections les plus célèbres de l'Angleterre, dix-huit étaient antérieures à 1753 et dix portaient la date de 1757.

blement artistique. On abandonna les recherches savantes qui avaient conduit autrefois à la découverte des beaux fonds que nous venons de signaler, et c'est à peine si on sut tirer parti de l'application, sur la porcelaine tendre, des émaux translucides pouvant être employés en épaisseur. Il y avait là en germe tout un système nouveau de décoration auquel on ne pensa même pas, et l'on se borna, sur les modèles déjà fabriqués, à tracer des cordons ou des guirlandes de perles d'émail posées sur des paillons d'or et accompagnées de petits médaillons en réserve, dont l'encadrement était formé par des plaques d'or mince délicatement repoussées et gravées [1], et fixées sur la couverte au moyen de fondants incolores; c'était là un véritable travail de joaillerie, fin et délicat, qui montre, par la perfection même des œuvres décorées à l'aide de ce procédé et par les effets obtenus ainsi sans grands frais d'imagination, tout ce que les habiles artistes de Sèvres, dirigés dans cette voie, auraient pu trouver de nouveau et d'imprévu.

A Sèvres, on chercha beaucoup moins qu'à Vincennes des formes nouvelles et on n'entreprit plus que rarement, et en reprenant surtout les anciens modèles, la fabrication des pièces importantes et des vases d'apparat, que le public n'achetait pas à cause de leur prix trop élevé, et qui étaient seulement réservés pour les cadeaux à faire aux souverains et aux ambassadeurs; on s'attacha principalement à tout ce qui était d'une vente facile et journalière : services de table, cabarets, *tête-à-tête* ou *solitaires*, jardinières, cache-pot, petites garnitures de vases, *pots-pourris*, etc. A part quelques exceptions, toutes ces porcelaines, décorées avec une extrême habileté, portent ce cachet de distinction et d'élégance un peu maniérée qui caractérise les productions artistiques et industrielles de cette époque et empruntent surtout un charme irrésistible à cette merveilleuse pâte tendre, douce et chatoyante à l'œil, qui restera une des découvertes les plus glorieuses de l'industrie française. C'est seulement à Sèvres, cependant, que furent exécutés les beaux *biscuits* qui contribuèrent pour une large part à la réputation de la manufacture, le *Surtout des chasses*, d'après Oudry, la *Baigneuse* et les *Amours* de Falconet, et tous ces groupes, bustes et statuettes dont Caffieri, Pajou, La Rue, Boizot, Clodion et tant d'autres fournissaient les modèles.

---

[1]. Ces petites plaques d'or, toujours admirablement repoussées et ciselées, étaient l'œuvre d'un très habile graveur nommé *Le Guay*. Le travail d'émaillerie était exécuté par *Cotteau*, de Genève, et par un artiste de la manufacture, *Parpette*, qui, le premier, avait eu l'idée de cette application d'émaux sur porcelaine.

# V

## MARQUES

L'arrêt du Conseil daté du 19 août 1753, qui renouvelait le privilège de la manufacture de Vincennes et l'autorisait à prendre le titre de *Manufacture Royale des Porcelaines de France*, rendit obligatoire la marque (deux L entrelacés, *voir page 11*) qui, jusqu'alors, n'avait été posée que sur un nombre assez restreint de pièces; chaque marque, en outre, devait être accompagnée d'une lettre servant de chronogramme, A pour 1753, B pour 1754, et ainsi de suite; après la lettre Z (1776), les lettres furent doublées.

Voici, du reste, le tableau chronologique des lettres employées avec les années correspondantes :

| | | | | | | | |
|---|---|---|---|---|---|---|---|
| A. | 1753 | L. | 1763 | V. | 1773 | G G | 1783 |
| B. | 1754 | M. | 1764 | X. | 1774 | H H | 1784 |
| C. | 1755 | N. | 1765 | Y. | 1775 | I I | 1785 |
| D. | 1756 | O. | 1766 | Z. | 1776 | K K | 1786 |
| E. | 1757 | P. | 1767 | A A | 1777 | L L | 1787 |
| F. | 1758 | Q. | 1768 | B B | 1778 | M M | 1788 |
| G. | 1759 | R[1]. | 1769 | C C | 1779 | N N | 1789 |
| H. | 1760 | S. | 1770 | D D | 1780 | O O | 1790 |
| I-J. | 1761 | T. | 1771 | E E | 1781 | P P | 1791 |
| K. | 1762 | U. | 1772 | F F | 1782 | Q Q | 1792 |

De 1793 à 1800, époque où la fabrication de la porcelaine tendre fut

---

1. Pour rappeler la comète de 1769, on substitua, paraît-il, une *comète* à la lettre R; nous n'avons jamais vu de porcelaine portant cette figure.

abandonnée, on substitua à la marque royale les monogrammes suivants, employés indistinctement, mais toujours accompagnés du mot *Sèvres* :

Presque toujours les marques étaient accompagnées de monogrammes, signes ou emblèmes adoptés par les peintres et les décorateurs.

1757. — TAILLANDIER, peintre de fleurs.     1776. — BAUDOIN, doreur. CHOISY, peintre de fleurs.     1784. — VINCENT [1], doreur. CHABRY, peintre de fleurs.     1795-96. — CORNAILLE, peintre de fleurs.

Voici, dans l'ordre alphabétique, les marques et monogrammes adoptés par les peintres de porcelaine tendre (de 1753 à 1800) ; nous en avons copié un grand nombre sur des pièces d'une authenticité incontestable ; les autres sont dessinés d'après les documents conservés à la manufacture de Sèvres.

1. Vingt cents = 2,000.

## MARQUES ET MONOGRAMMES

DES

### PEINTRES, DÉCORATEURS ET DOREURS DE LA MANUFACTURE DE SÈVRES

DE 1753 A 1800

| | | | |
|---|---|---|---|
| *N* | ALONCLE<br>Oiseaux, Animaux, Attributs. | | AUBERT AÎNÉ<br>Fleurs. |
| | ANTEAUME<br>Paysages, Animaux. | *By* | BAILLY<br>Fleurs. |
| *A ou A* | ASSELIN<br>Portraits miniatures.<br>(Mort en fructidor an XII.) | ═ | BARDET<br>Fleurs |

| Marque | Peintre | Marque | Peintre |
|---|---|---|---|
| 83. | **BARRAT**<br>Guirlandes, Bouquets. | 9 | **BUTEUX (THÉODORE)**<br>Bouquets détachés.<br>(Licencié en l'an VIII.) |
| CB | **BARRE**<br>Bouquets détachés. | △ | **BUTEUX (GUILLAUME)**<br>Enfants, Sujets champêtres. |
| BD | **BAUDOIN**<br>Dorure; Frises, Ornements.<br>(Licencié en l'an VIII.) | △ | **CAPELLE**<br>Peintre et chef des fours de peinture.<br>Frises.<br>(Licencié en l'an VIII, âgé de 81 ans.) |
| | **BECQUET**<br>Fleurs. | | **CARDIN**<br>Bouquets détachés. |
| b. | **BERTRAND**<br>Bouquets détachés. | 5 | **CARRIER**<br>Fleurs et Amours (en camaïeu). |
| ☆ | **BIENFAIT**<br>Dorure. | C. | **CASTEL**<br>Paysages, Chasses, Oiseaux. |
| T | **BINET**<br>Bouquets détachés. | ✳ | **CATON**<br>Chef des peintres; Enfants, Portraits.<br>(Mort le 16 messidor an VIII.) |
| J c | **BINET (Mme)**<br>Fleurs. | X | **CATRICE**<br>Fleurs, Bouquets détachés. |
| | **BOUCHER**<br>Fleurs, Guirlandes. | ch | **CHABRY**<br>Miniatures. |
| | **BOUCHET**<br>Paysage, Figures, Ornements. | JD | **CHANOU (Mme), née JULIE-DUROSEY**<br>Fleurs.<br>(Licenciée en l'an VIII.) |
| y. | **BOUILLIAT**<br>Fleurs, Paysage. | c p | **CHAPUIS AÎNÉ**<br>Fleurs, Oiseaux. |
| B | **BOULANGER**<br>Bouquets détachés. | C j | **CHAPUIS JEUNE**<br>Bouquets détachés. |
| | **BOULANGER FILS**<br>Enfants, Sujets champêtres. | ※ | **CHAUVEAU PÈRE**<br>Doreur.<br>(Licencié en l'an VIII.) |
| Bn. | **BULIDON**<br>Bouquets détachés. | j n | **CHAUVEAU FILS**<br>Doreur; Bouquets, Attributs. |
| m b | **BUNEL (Mme), née MANON-BUTEUX**<br>Fleurs. | | **CHEVALIER**<br>Fleurs, Bouquets. |
| | **BUTEUX PÈRE**<br>Fleurs, Attributs. | | **CHOISY**<br>Fleurs, Arabesques.<br>(Licencié en l'an VIII.) |

| Mark | Painter | Mark | Painter |
|---|---|---|---|
| ♪ | **CHULOT**<br>Fleurs, Attributs.<br>(Licencié en l'an VIII; nommé concierge général, 15 prairial an VIII.) | *f z* | **FUMEZ**<br>Bouquets détachés.<br>(Licencié en l'an VIII.) |
| *C m* | **COMMELIN**<br>Bouquets, Guirlandes.<br>(Licencié en l'an VIII.) | | **GAUTHIER**<br>Paysages avec animaux. |
| *1* | **CORNAILLE**<br>Fleurs, Bouquets.<br>(Licencié en l'an VIII.) | G | **GENEST**<br>Figures, Sujets de genre. |
| *C* | **COUTURIER**<br>Dorure. | † | **GENIN**<br>Fleurs, Guirlandes. |
| | **DIEU**<br>Dorure, Sujets chinois.<br>(Travaillant aux pièces. — État de 1789.) | *G d* | **GÉRARD**<br>Sujets champêtres.<br>(Nommé chef des peintres, 5 vendémiaire an XIII.) |
| K | **DODIN**<br>Figures, Portraits.<br>(Mort le 22 pluviôse an XI, âgé de 69 ans; a travaillé pendant 49 ans à la Manufacture.) | *Y+* | **GÉRARD (M<sup>me</sup>), née VAUTRIN**<br>Fleurs. |
| *D R* | **DRAND**<br>Dorure, Sujets chinois. | *R* | **GIRARD**<br>Dorure, Chinois, Arabesques. |
| | **DUBOIS**<br>Fleurs, Guirlandes. | | **GOMERY**<br>Fleurs, Oiseaux. |
| *D* | **DUSOLLE**<br>Bouquets détachés. | *G t* | **GREMONT**<br>Fleurs, Guirlandes. |
| **D. T.** | **DUTENDA**<br>Fleurs, Guirlandes.<br>(Licencié en l'an VIII.) | X | **GRISON**<br>Dorure. |
| | **EVANS PÈRE**<br>Oiseaux sur terrasses.<br>(Licencié en l'an VIII.) | *J h* | **HENRION**<br>Fleurs, Guirlandes. |
| F | **FALOT**<br>Arabesques, Oiseaux. | *h c* | **HÉRICOURT**<br>Fleurs, Guirlandes. |
| ∴ | **FONTAINE**<br>Attributs, Miniatures.<br>(Licencié en l'an VIII.) | *W* | **HILKEN**<br>Figures, Sujets champêtres. |
| ♡ | **FONTELLIAU**<br>Dorure. | H | **HOURY**<br>Fleurs. |
| Y | **FOURÉ**<br>Fleurs, Bouquets. | *3* | **HUNY**<br>Fleurs, Bouquets. |
| | **FRITSCH**<br>Figures, Enfants. | Z | **JOYAU**<br>Fleurs, Bouquets. |

| Marque | Nom | Marque | Nom |
|---|---|---|---|
| *j* | **JUBIN** — Dorure. | *m* | **MICHEL** — Bouquets détachés. |
| *L R* | **LA ROCHE** (DE) — Fleurs, Attributs. (Licencié en l'an VIII.) | *M* | **MOIRON** — Bouquets détachés. |
| (étoile) | **LÉANDRE** — Sujets champêtres. | *5* | **MONGENOT** — Fleurs, Bouquets. |
| *L$^e$* | **LE BEL** AÎNÉ — Fleurs, Figures. | *M* | **MORIN** — Marines, Sujets militaires. |
| *L B* | **LE BEL** JEUNE — Décoration et Dorure, Fleurs. | *Λ* | **MUTEL** — Paysages. |
| *L. L.* | **LÉCOT** — Chinoiseries. | *n q* | **NICQUET** — Bouquets détachés. |
| (croissant) | **LEDOUX** — Paysages, Oiseaux. | (symbole) | **NOEL** (GUILLAUME) — Fleurs, Ornements. (Licencié en l'an VIII, mort en pluviôse an XIII.) |
| *L G* | **LE GUAY** — Dorure. | *SD* | **NOUAILHIER** (M$^{me}$), née SOPHIE DUROSEY.) — Fleurs. |
| (symbole) | **LEGUAY** — Enfants, Chinoiseries. | (œil) | **PAJOU** — Figures. |
| *L* | **LEVÉ** PÈRE — Fleurs, Oiseaux, Attributs. | *P* | **PARPETTE** — Fleurs, Bouquets.) (Mis à la retraite en 1806 après 42 ans de service.) |
| *f* | **LEVÉ** (FÉLIX) — Fleurs, Chinoiseries. (Licencié en l'an VIII.) | *L. S* | **PARPETTE** (M$^{lle}$ L.) — Fleurs. |
| *R B* | **MAQUERET** (M$^{me}$), née BOUILLAT — Fleurs. | **P. T.** | **PETIT** — Fleurs. |
| *M* | **MASSY** — Fleurs, Guirlandes. | *f* | **PFEIFFER** — Bouquets. (Licencié en l'an VIII.) |
| *(trait)* | **MÉRAULT** AÎNÉ — Frises, Ornements. | **PH** | **PHILIPPINE** AÎNÉ — Enfants, Sujets de guerre. |
| *9* | **MÉRAULT** JEUNE — Fleurs, Guirlandes. | *p$^a$* | **PIERRE** AÎNÉ — Fleurs, Bouquets. (Licencié en l'an VIII.) |
| *X* | **MICAUD** — Fleurs, Attributs. (Licencié en l'an VIII.) | *p.$^x$* | **PIERRE** JEUNE — Bouquets, Guirlandes. |

| Marque | Artiste | Marque | Artiste |
|---|---|---|---|
| *ℰ.t* | **PITHOU** AÎNÉ<br>Portraits, Sujets historiques et allégoriques. | [marque] | **TAILLANDIER**<br>Bouquets, Guirlandes. |
| [marque] | **PITHOU** JEUNE<br>Bouquets, Fleurs, Ornements.<br>(Travaillait aux pièces. — État de 1793.) | [marque] | **TANDART**<br>Groupes de fleurs, Guirlandes. |
| [marque] | **POUILLOT**<br>Bouquets détachés. | [marque] | **TARDY**<br>Bouquets détachés. |
| H P | **PRÉVOST**<br>Dorure. | [marque] | **THÉODORE**<br>Dorure. |
| [marque] | **RAUX**<br>Bouquets détachés. | [marque] | **THÉVENET** PÈRE<br>Fleurs, Cartels, Paysages. |
| XX | **ROCHER**<br>Figures. | *ℰ.j* | **THÉVENET** FILS<br>Ornements, Frises. |
| [marque] | **ROSSET**<br>Paysages. | VD | **VANDÉ**<br>Fleurs, Dorure.<br>(Licencié en l'an VIII.) |
| *R.L* | **ROUSSEL**<br>Bouquets détachés. | W | **VAVASSEUR**<br>Arabesques. |
| *S.h* | **SCHRADER**<br>Fleurs et Arabesques, Dorure.<br>(Mort le 23 mai 1785.) | [marque] | **VIEILLARD**<br>Attributs, Ornements. |
| [marque] | **SIOUX** AÎNÉ<br>Fleurs, Guirlandes. | 2000 | **VINCENT** PÈRE[1]<br>Dorure. |
| O | **SIOUX** JEUNE<br>Fleurs, Guirlandes. | [marque] | **XROWET**[2]<br>Fleurs, Arabesques. |
| [marque] | **SISSON**<br>Fleurs, Guirlandes, Bouquets détachés. | [marque] | **YVERNEL**<br>Paysages, Oiseaux. |
| [marque] | **TABARY**<br>Oiseaux. | | |

1. Son fils, licencié en l'an VIII, avait continué à marquer comme son père.
2. Ce doit être le même que Drouet qui figure sur les *États* de 1793 ; le nom de *Xrowet* ne se trouve pas sur les anciens États.

# VI

## IMITATION ET CONTREFAÇON DES PORCELAINES TENDRES

La rareté relative des anciennes porcelaines tendres de Sèvres et les prix élevés qu'elles atteignent dans les ventes devaient avoir et ont eu pour effet de créer une industrie tout à fait spéciale, celle des fabricants de *vieux sèvres*. Ce qui se débite de fausses *pâtes tendres* de Sèvres à Paris et surtout à Londres, ce qui s'en expédie tous les ans à l'étranger, et principalement en Amérique, est inimaginable, et il aurait fallu certainement à notre célèbre manufacture plusieurs existences semblables à celle qu'elle a parcourue depuis bientôt un siècle et demi pour arriver à produire tout ce qui lui est attribué par des marchands peu scrupuleux.

Dans les contrefaçons qui ont été faites de *vieux sèvres,* il y a toute une série de pièces qu'il est très difficile de reconnaître, ce sont celles qui sont peintes sur du vrai *blanc* de Sèvres. Au début de son administration, Brongniart, obligé de se procurer de l'argent à quelque prix que ce fût, afin de subvenir aux dépenses journalières de la manufacture et donner aux ouvriers, auxquels il était dû quatorze mois de traitement, un acompte qui les empêchât de mourir de faim, fit vendre à bas prix tout ce qu'il y avait en magasin de porcelaine tendre, dont la fabrication, très négligée depuis la découverte du kaolin de Saint-Yrieix, était alors définitivement abandonnée. Il restait encore des quantités considérables de porcelaines non décorées qui furent achetées pour presque rien par des *chambrelans*[1] de Paris et des négociants anglais ; ces porcelaines ont été depuis lors et sont encore aujourd'hui la base du haut commerce de la contre-

---

1. On appelait ainsi des entrepreneurs qui décoraient ou faisaient décorer *en chambre* pour les grands magasins de vente les porcelaines fabriquées en province, particulièrement à Limoges, et expédiées *en blanc* à Paris.

façon, et il faut une grande habitude pour les reconnaître quand elles sont bien décorées, comme cela est arrivé surtout dans les premières années de la Restauration; il existait encore à cette époque quelques-uns des anciens peintres de pâte tendre de la manufacture, mis à la retraite ou licenciés dans le remaniement qui avait précédé la nomination de Brongniart [1], et qui mettaient volontiers leur habileté au service des marchands, sans trop s'inquiéter du parti que ceux-ci en tireraient. Plusieurs des porcelaines ainsi décorées ont été, pendant longtemps, considérées, même par les personnes les plus compétentes, comme du sèvres authentique; telles sont, entre autres, un service qui fait partie de la collection de S. M. la reine d'Angleterre à Windsor-Castle, et celles qui avaient été offertes à Louis XVIII comme ayant appartenu à Louis XV, et qui ont été ensuite données au musée de Sèvres, quand la fausseté en a été démontrée. Cependant, malgré la perfection de leur décor, on peut reconnaître ces porcelaines à plusieurs caractères que nous allons indiquer brièvement.

Le premier, celui qui ne trompe jamais, mais qui demande pour être reconnu un œil assez exercé et une assez grande habitude des porcelaines tendres, est la présence du *vert de chrome* dans la peinture des bouquets et des paysages. Découvert seulement en 1804 et employé pour la première fois à la manufacture de Sèvres, l'oxyde de chrome, grâce à sa fixité et à la richesse de sa coloration, devint bientôt d'un usage général et remplaça partout l'oxyde de cuivre, qui avait été seul employé jusqu'alors dans la préparation des verts. On ne songea pas à cette modification introduite dans la palette quand on commença à décorer les porcelaines tendres vendues en blanc par Brongniart, et on créa ainsi un moyen certain de découvrir la fraude. Le vert de chrome est plus *chaud* de ton, plus jaune que le vert de cuivre et n'a jamais, comme ce dernier, quand il est posé un peu en épaisseur, ces reflets métalliques caractéristiques que l'on voit si souvent dans certaines porcelaines tendres, et surtout dans cette série de porcelaines de la Chine auxquelles on a donné le nom de *famille verte* et que les amateurs connaissent bien. Cette différence de tons entre les deux verts est assez sensible pour être facilement perçue par un œil exercé; elle est très évidente quand on peut mettre l'une à côté de l'autre et comparer deux pièces, l'une vraie et l'autre fausse.

On distingue encore assez facilement les porcelaines tendres qui n'ont pas été décorées à Sèvres à un caractère tout à fait particulier de la dorure. Sur les anciennes porcelaines, les vraies, l'or mis en épaisseur a toujours une apparence

---

1. Cf. *la Manufacture de Sèvres en l'an VIII*, par ÉDOUARD GARNIER. — Paris, Champion, libraire, 1888; br. in-8°.

un peu mate; on le *sablait* tout simplement quand la pièce était sortie du moufle, — ce qui se pratique encore aujourd'hui, du reste, — et on le *dessinait au bruni* au moyen de *clous* solidement ajustés dans un manche en bois. Au commencement du siècle on a substitué aux clous des brunissoirs en agate qui ont changé le caractère de la dorure et causé une différence assez notable dans les traits ainsi brunis; dans le vieux sèvres, ils sont secs, très nets, très arrêtés et parfois assez profonds, la pointe du clou brunissant surtout par compression; dans les imitations, au contraire, ainsi que dans les porcelaines modernes, ils sont plus larges, moins écrits et surtout moins *gravés*, pour ainsi dire, l'agate agissant beaucoup plus facilement et seulement au moyen d'un frottis un peu appuyé.

Il est enfin un dernier mode de contrôle qui n'existe pas sur toutes les pièces, mais que l'on rencontre très fréquemment et qui est, dans beaucoup de cas, une preuve indéniable de la fausseté de certaines porcelaines; nous voulons parler des marques.

Les marques de Vincennes et de Sèvres ne sont connues aujourd'hui que grâce à certaines publications récentes; mais à l'époque où florissait surtout le commerce de la contrefaçon des porcelaines de Sèvres, à l'aide du *blanc* sorti véritablement des fours de la manufacture, elles étaient ignorées des contrefacteurs, qui se bornaient le plus souvent à copier une marque quelconque qu'ils avaient vue sur une porcelaine véritable, sans s'inquiéter de sa signification réelle, mettant le monogramme d'un peintre de figures sur une pièce décorée exclusivement de fleurs, ou le sigle d'un doreur de talent sur une porcelaine qui ne portait qu'un simple filet d'or.

Il est encore d'autres porcelaines que l'on vend journellement sous le nom de *vieux sèvres;* mais elles sont presque toujours si grossièrement et si maladroitement décorées qu'il faut, pour s'y laisser prendre, beaucoup d'ignorance et de naïveté. Nous n'avons pas à nous en occuper ici, nous bornant simplement à mettre les véritables amateurs en garde contre les contrefaçons assez bien faites pour qu'ils puissent être facilement trompés s'ils n'étaient pas prévenus.

Édouard GARNIER.

PLATEAU

Au chiffre de M<sup>me</sup> Du Barry

Peinture d'*Asselin*

(Collection de M. Ch. Stein)

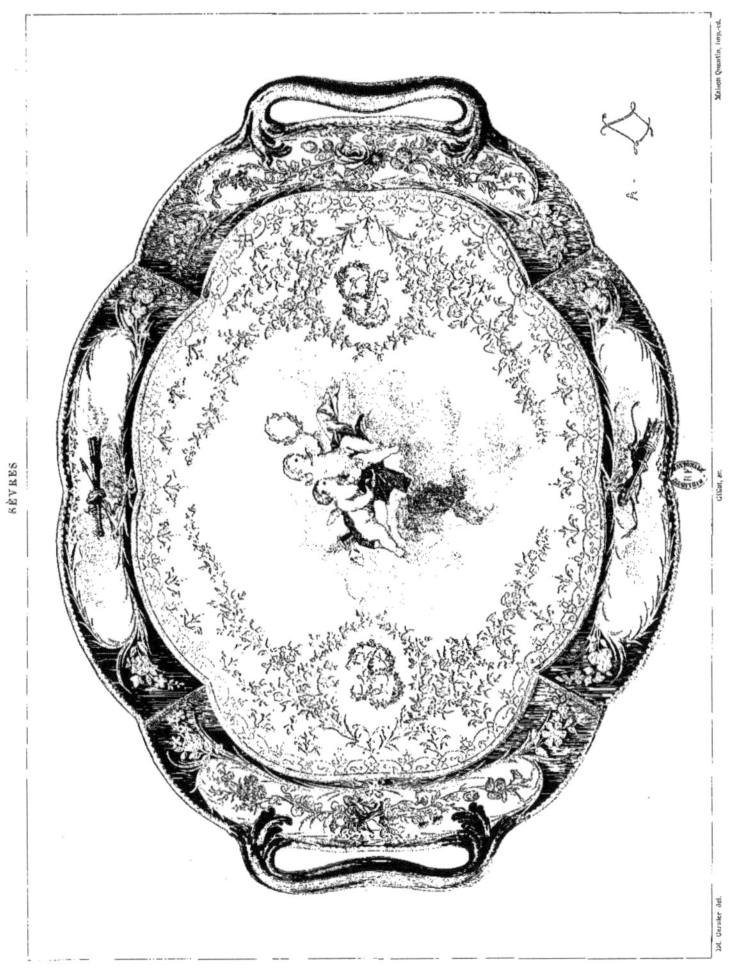

SÈVRES
Maison Quantin, imp.-éd.
Gillot, sc.
Imp. Garnier del.

# PÉRIODE RÉVOLUTIONNAIRE

Musée Carnavalet

Fleurs par M<sup>me</sup> Binet — Dorure de *Chauveau jeune*

Musée Carnavalet

Décoration de *Pithou jeune* — Dorure de *Vincent*

Musée Carnavalet

(*Ancienne collection Wattelin*)

Carrel peint par *Dodin* — Dorure de *Vincent*

Collection de M. Sichel

Fleurs par *Mirault jeune* — Décoration et dorure de *Chauveau*

Collection de M. Sichel

Décoration de *Pithou jeune*

PÉRIODE RÉVOLUTIONNAIRE

Musée Carnavalet

Décoration de Pithou jeune — Dorure de Vincent

Musée Carnavalet

Fleurs par Mme Binet — Dorure de Chapavan jeune

Musée Carnavalet
(Ancienne collection Watteau)
Coupe peint par Dodin — Dorure de Vincent

Collection de M. Sichel

Décoration de Pithou jeune

Collection de M. Sichel

Fleurs par Mirault jeune — Décoration et dorure de Chapavan

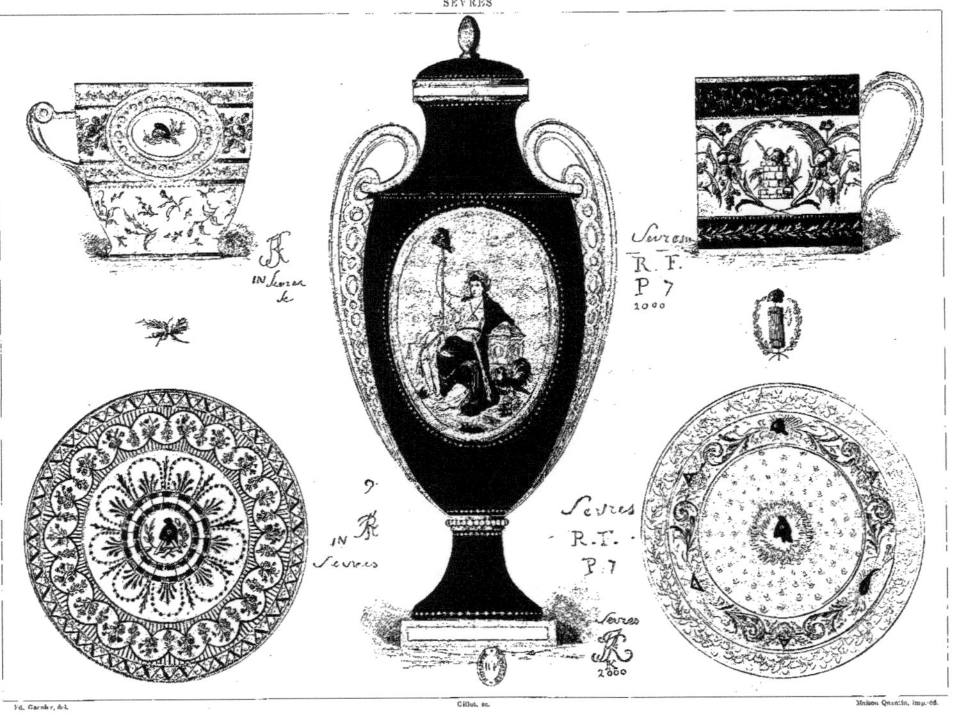

SÈVRES

POT DE TOILETTE

Appartenant à M. FOURNIER

1760

POT A CREME

(Forme dite *Mignonnette*)

Appartenant à M. FOURNIER

1754 — Fleurs par *Barre*

POT DE TOILETTE

Appartenant à M. FOURNIER

1759 — Décor d *Aloncle*

PLATEAU D'UN *TÊTE-A-TÊTE*

Appartenant à M. FOURNIER

1760 — Décor de *Binet*

SOUCOUPE

(Collection de M. le marquis DE THUISY)

1754 — Fleurs par *Tallandier*

SOUCOUPE

(Collection de M. le marquis DE THUISY)

1761 — Décor de *Binet*

FONDS PARTIELS

POT DE TOILETTE
Appartenant à M. Fournier
1759 — Décor à l'oiseau

POT A CREME
(Forme dite Mignonne)
Appartenant à M. Fournier
1754 — Fleurs par Barré

POT DE TOILETTE
Appartenant à M. Fournier
1760

PLATEAU D'UN TÊTE-À-TÊTE
Appartenant à M. Fournier
1760 — Décor de Bouet

SOUCOUPE
(Collection de M. le marquis de Thuisy)
1754 — Fleurs par Taillandier

SOUCOUPE
(Collection de M. le marquis de Thuisy)
1761 — Décor de Bouet

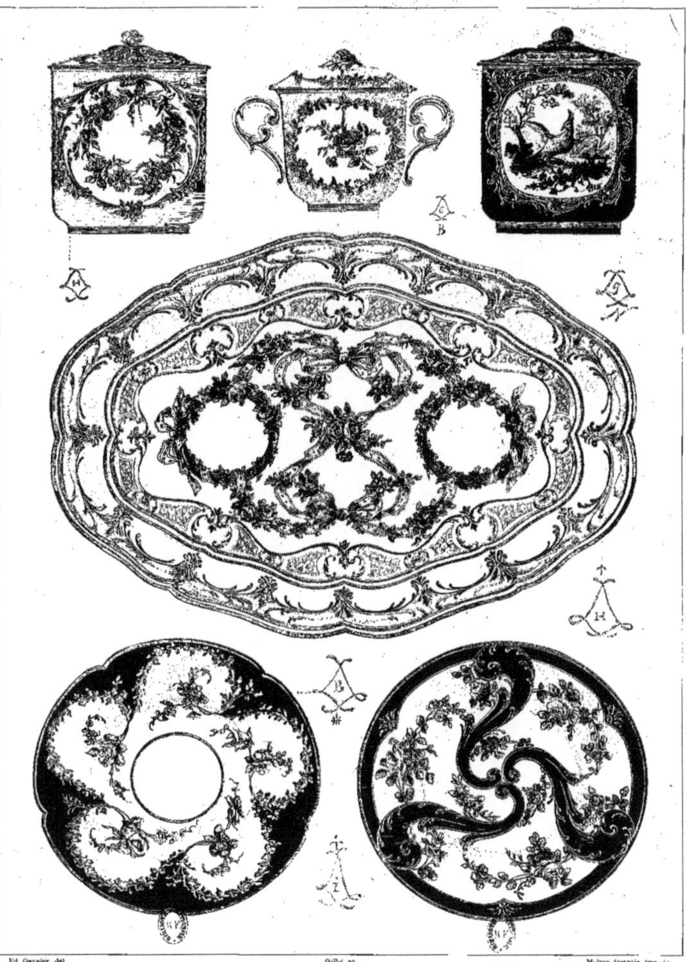

## PORCELAINES D'USAGE DOMESTIQUE

POT A L'EAU ET SA CUVETTE (1753)

Fond blanc

(Collection de M. le marquis DE VOGÜÉ)

POT A L'EAU (1754)

Fond partiel

(Collection de M. ALFRED ANDRÉ)

PORCELAINES D'USAGE DOMESTIQUE

POT À L'EAU ET SA CUVETTE (1753)
Fond blanc
(Collection de M. le marquis DE VOGÜÉ)

POT À L'EAU (1754)
Fond persillé
(Collection de M. Alfred André)

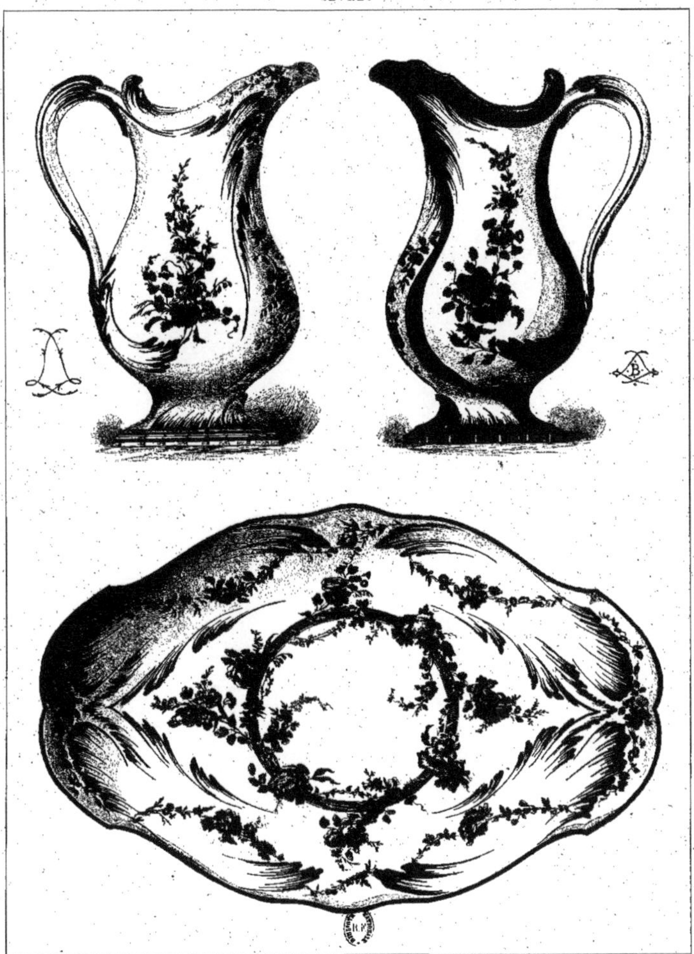

# JARDINIÈRES

Collection de M. Edouard André

1760

Collection de M. le marquis de Ganay

1754 — Décoration de *Vieillard*

Collection de M. le baron Alph. de Rothschild

1752

Collection de M. le marquis de Vogüé

1759 — Décoration de *Vieillard*

Collection de M. Édouard André

1760 — Peinture de *Dodin*

Collection de M. Beurdeley

1764 — Peinture de *Bulidon* — Dorure de *Vincent*

Éd. Garnier, del.     C. Gillot, sc.     Maison Quantin, imp.-éd.

VASE AIGUIÈRE

(Collection de M. le marquis de Vogüé)

VASE BOUTEILLE

(Collection de M. le baron Alph. DE ROTHSCHILD)

(La face antérieure est décorée d'un sujet pastoral)

VASE BURETTE

(Collection de M. L. BERTHET)

———

VASE AIGUIÈRE

(Collection de M. le marquis de Vogüé).

VASE BOUTEILLE

(Collection de M. le baron Alph. DE ROTHSCHILD)

(La face antérieure est décorée d'un sujet pastoral).

VASE BURETTE

(Collection de M. L. BERTHET)

SÈVRES
Ed. Garnier, del.
Gillot, sc.
Maison Quantin, imp.-éd.

# DÉBUTS DE LA FABRICATION

*LE PRINTEMPS*

(Collection de M. le baron G. DE ROTHSCHILD)

PORTRAIT DE LOUIS XV

Sur une plaque rectangulaire à fond blanc

(Collection de M. CH. STEIN)

*L'AUTOMNE*

(Collection de M. le baron G. DE ROTHSCHILD)

FAC-SIMILÉ DE FLEURS

Exécutées par les peintres en émail

(Sur une assiette de la collection de M. L. WATELIN)

SUCRIER

(Collection de M. L. WATELIN)

1753

PLAQUE D'ÉCHANTILLON

(Collection de M. ALFRED ANDRÉ)

# DÉBUTS DE LA FABRICATION

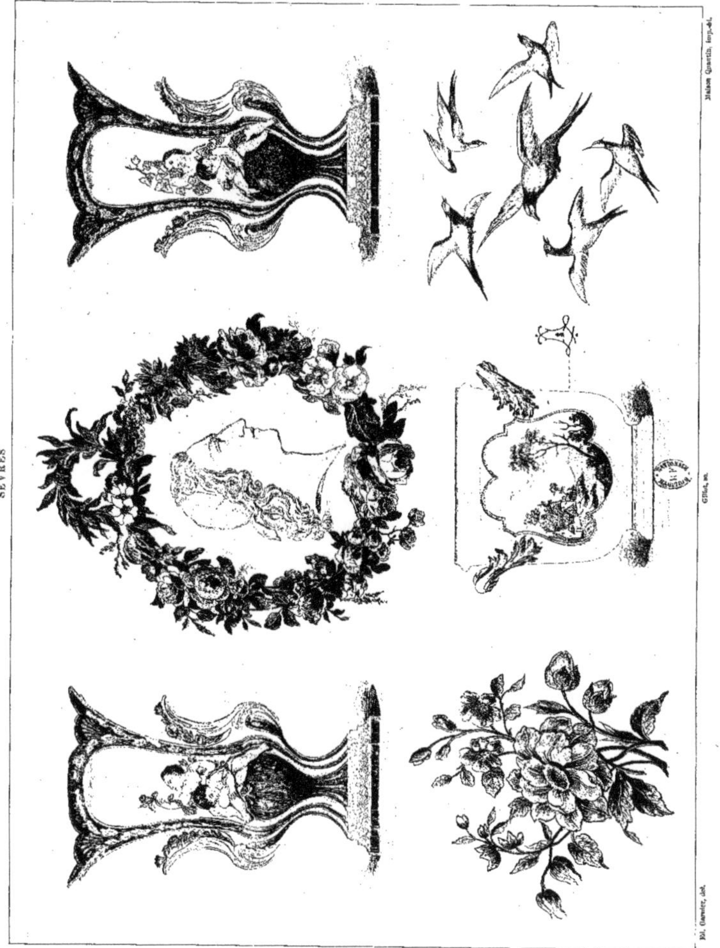
SÈVRES
Maison Quantin, imp.-édit.
Gillot, sc.
Ed. Garnier, del.

# ASSIETTES

## DÉCORS SIMPLES

(Collection L. WATELIN)

1753

(Collection L. WATELIN)

1753

(Collection L. WATELIN)

1753. — Fleurs par *Huny*

(Collection P. GASNAULT)

1761. — Décoration de *Le Bel jeune*

(Collection L. WATELIN)

1757. — Fleurs par *Choisy* (?)

(Collection L. WATELIN)

1761. — Fleurs par *Gremont*

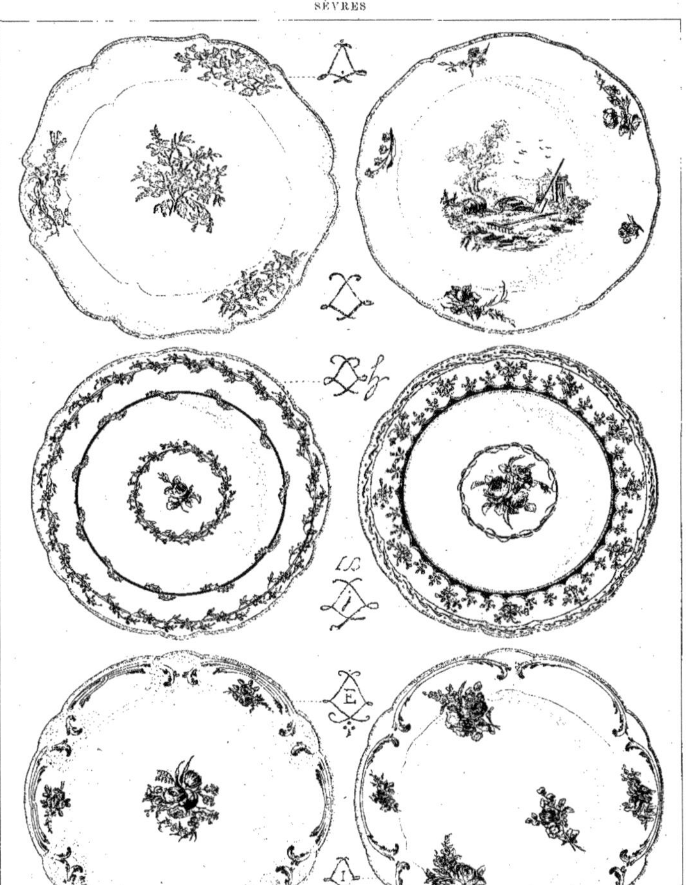

Ed. Garnier, del.          G.Illot. sc.          Maison Quantin, Imp.-éd.

# DÉCORS EN CAMAÏEU

PETIT SUCRIER

(Collection de M. Paul Gasnault)

1754. — Peinture de *Carrier*.

TASSE OBCONIQUE ET SA SOUCOUPE

(Collection de M. Paul Gasnault)

1754. — Peinture de *Meiron*

PETIT POT A L'EAU ET SA CUVETTE

(Collection de M. L. Watelin)

1737. — Fleurs par *Tandart*.

DÉCORS EN CAMAIEU

TASSE OBCONIQUE ET SA SOUCOUPE

(Collection de M. Paul Gasnault)

1754. — Peinture de Méreau.

PETIT SUCRIER

(Collection de M. Paul Gasnault)

1754. — Peinture de Carrier.

PETIT POT A L'EAU ET SA CUVETTE

(Collection de M. L. Wattrin)

1757. — Fleurs par Zander.

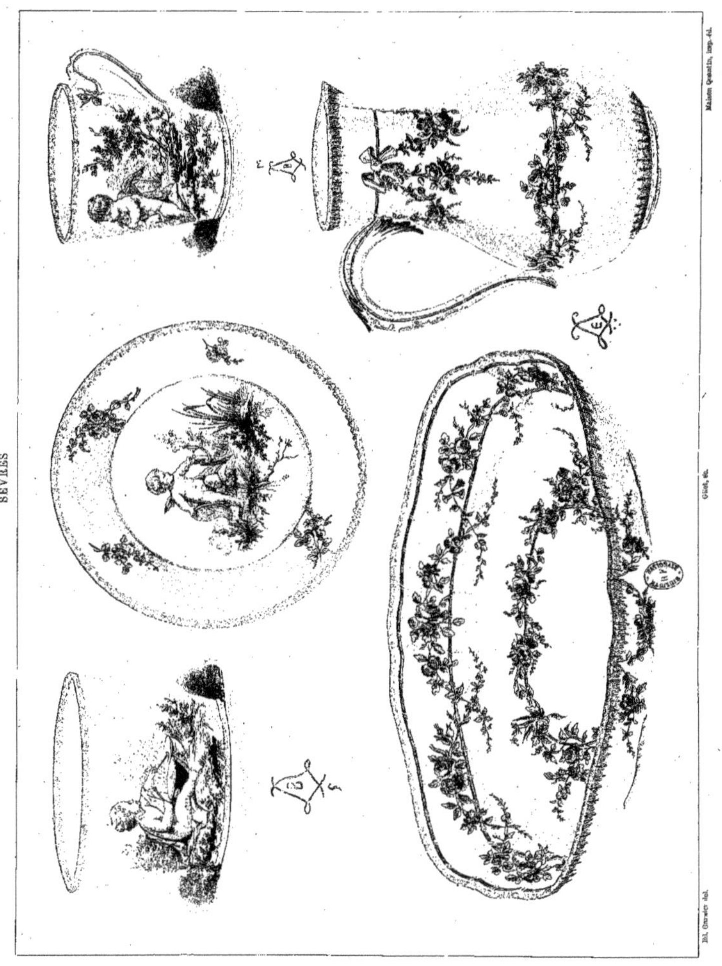


SÈVRES
Imp. Gravier del.
Gillot, sc.
Maison Quantin, Imp.-éd.

PORCELAINES DE SERVICE

(Huit pièces d'un service appartenant à M. le baron ALPH. DE ROTHSCHILD)

1760 à 1762. — Fleurs peintes par *Dubois, Parpette, Mérault jeune*, etc.

# PORCELAINES DE SERVICE

1760 à 1765. — Fleurs peintes par Dubois, Pierrette, Mérault jeune, etc.

(Huit pièces d'un service appartenant à M. le baron ALPH. DE ROTHSCHILD)

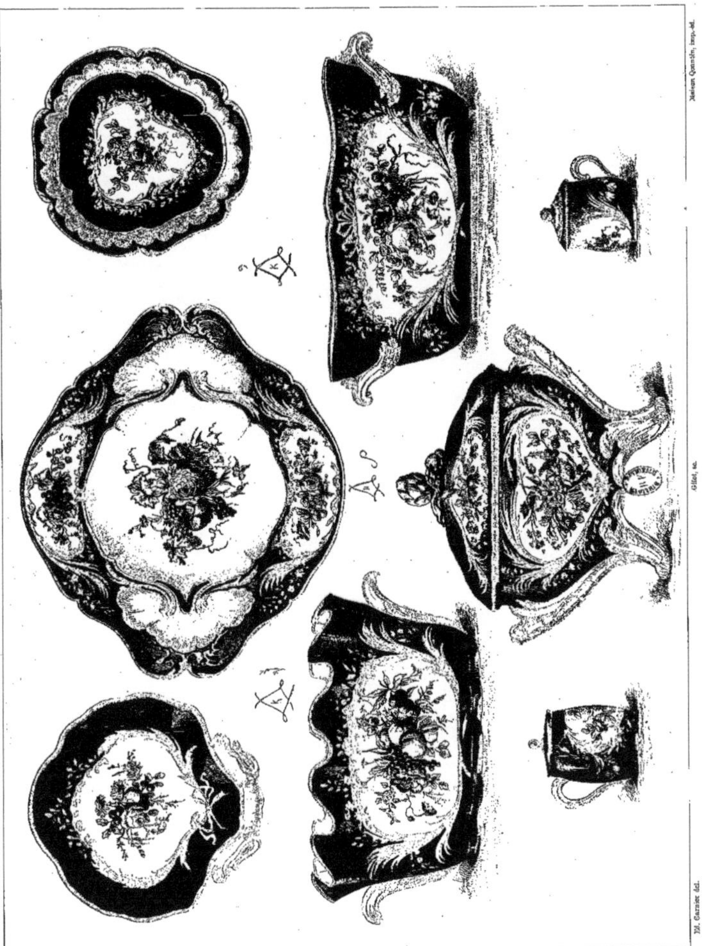

SÈVRES
Ed. Garnier del.
Gillot, sc.
Maison Quantin, imp. édit.

GRAND VASE dit *AUX COLOMBES*

(Collection de M. le baron ALPH. DE ROTHSCHILD)

GRAND VASE DIT AUX COLOMBES.

(Collection de M. le baron Alph. de Rothschild)

DÉCOR EN RELIEF DORÉ
(Collection de M. Dupont-Auberville)

IMITATION DE SAXE
(Collection de M. Delaherche)

(Collection de M. Ch. Syrin)
1753
(On ne connaît, de Vincennes ou de Sèvres, que deux ou trois
statuettes en porcelaine émaillée)

(Collection de M. Alf. André)

PETIT VASE SUR TERRASSE.
(Collection de M. Malinet)

TASSE A QUATRE LOBES.
(Collection de M. le marquis DE THUISY)

DÉBUTS DE LA FABRICATION

IMITATION DE SAXE

(Collection de M. Delaherche)

DÉCOR EN RELIEF DORÉ

(Collection de M. Dupont-Auberville)

(Collection de M. Ch. Stein)

1753

(On ne connaît, de Vincennes ou de Sèvres, que deux ou trois
statuettes en porcelaine émaillée)

PETIT VASE SUR TERRASSE

(Collection de M. Malinet)

(Collection de M. Alf. André)

TASSE A QUATRE LOBES

(Collection de M. le marquis de Thoisy)

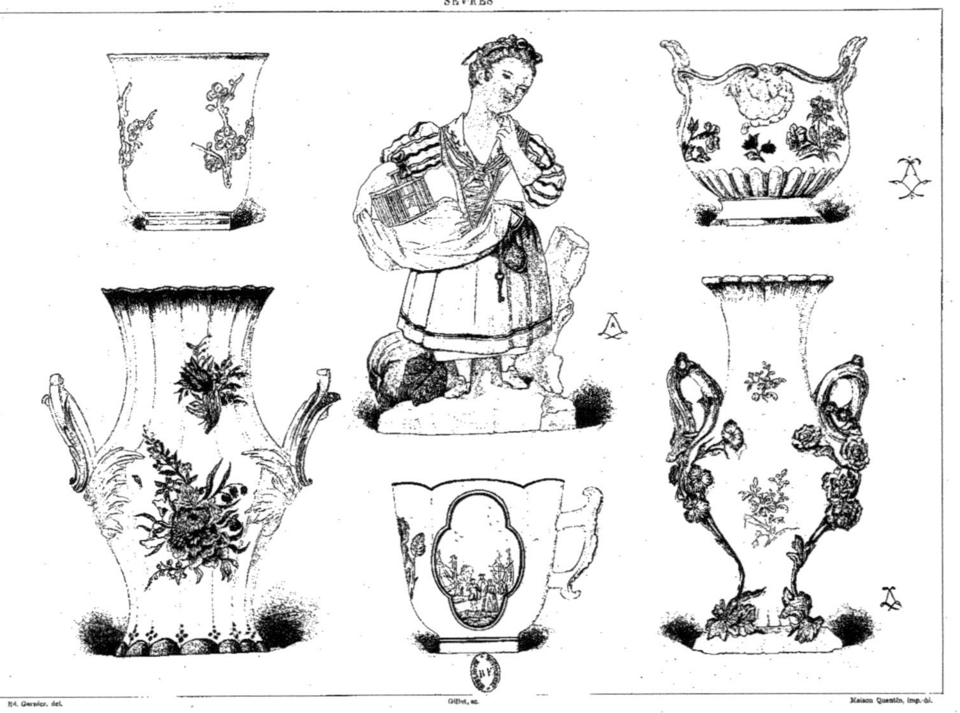

SÈVRES

DÉCORS SIMPLES

DÉJEUNER DIT *SOLITAIRE*

(Collection L. WATELIN)

1779. — Peinture de *Pithou jeune*. — Dorure de *Vincent*

# DÉCORS SIMPLES

---

DÉJEUNER dit SOLITAIRE

(Collection L. Wateaus)

1779. — Peinture de Pithou jeune. — Dorure de Vincent

Ed. Garnier del.                    Gillot, sc.                    Maison Quantin, Imp.-éd.

DÉCORS EXCEPTIONNELS

Collection L. Watelin

1753. — Décoration de *Vieillard*

(Collection L. Watelin)

1783. — Décoration de *Mérault jeune*

(Collection L. Watelin)

1786. — Décoration de *Vieillard*

(Collection L. Watelin)

1755. — Décoration de *Huny*

(Collection A. Pannier)

1785. — Décoration de *Fontaine*

(Collection L. Watelin)

1787. — Décoration de *Mme Maquerit*

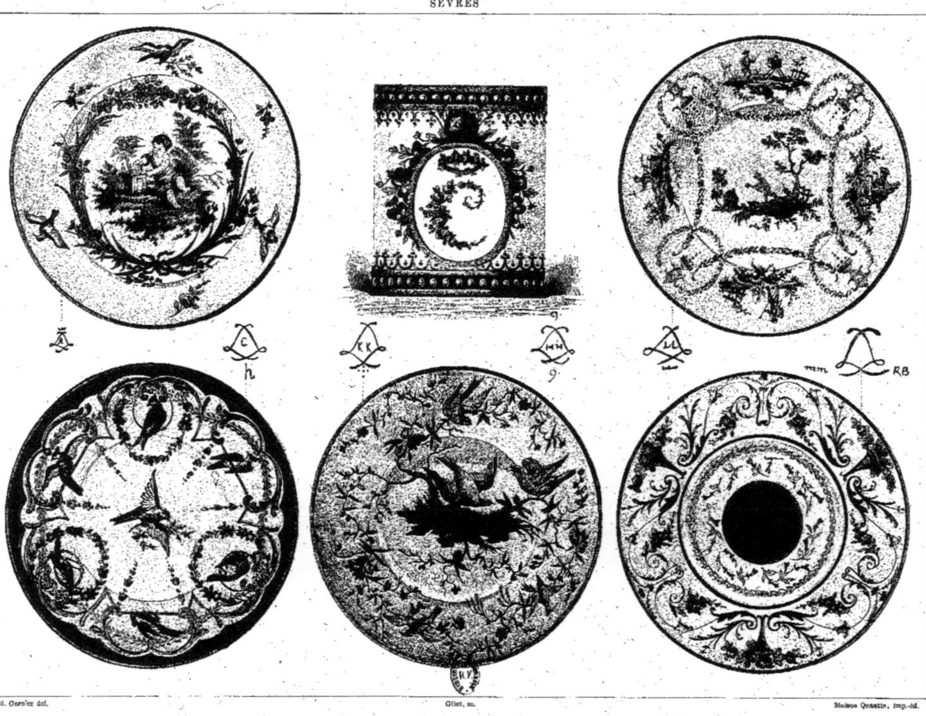

Ed. Garnier del. — Gillot, sc. — Maison Quantin, imp.-éd.

# TASSES ET SOUCOUPES

(Forme dite *carrée*)

(Collection de M. Louis Watelin)

Fleurs, par *Huny*

Dorure de *Chauveau aîné*

1781. — Fleurs par *Niquet*.

Dorure de Vincent.

1766. — Fleurs par *Catrice* (?)

TASSES ET SOUCOUPES

(Forme dite carrée)

————

(Collection de M. Louis WATELIN.)

Fleurs par Fleury

Dorure de Chauveau ainé

1766. — Fleurs par Catrix (?)

1781. — Fleurs par Mignon.

Dorure de Vincent.

SÈVRES

CACHE-POT

VINCENNES, vers 1752

(Collection de M. Ch. MANNHEIM)

JARDINIÈRE OVALE

(Collection de M. le baron ALPHONSE DE ROTHSCHILD)

CACHE-POT

(Collection de Mᵐᵉ DE CASSIN)

(1757. — Fleurs par *Huny*)

CAISSE A FLEURS

(Collection de M. le Marquis DE GANAY)

(1755)

JARDINIÈRE (forme dite *en Éventail*)

(Collection de M. le baron ALPHONSE DE ROTHSCHILD)

(1757. — Fleurs par *Taillandier*)

CAISSE A FLEURS

Collection
de M. le Baron ALPHONSE DE ROTHSCHILD

(1756. — Décor de *Gomery*)

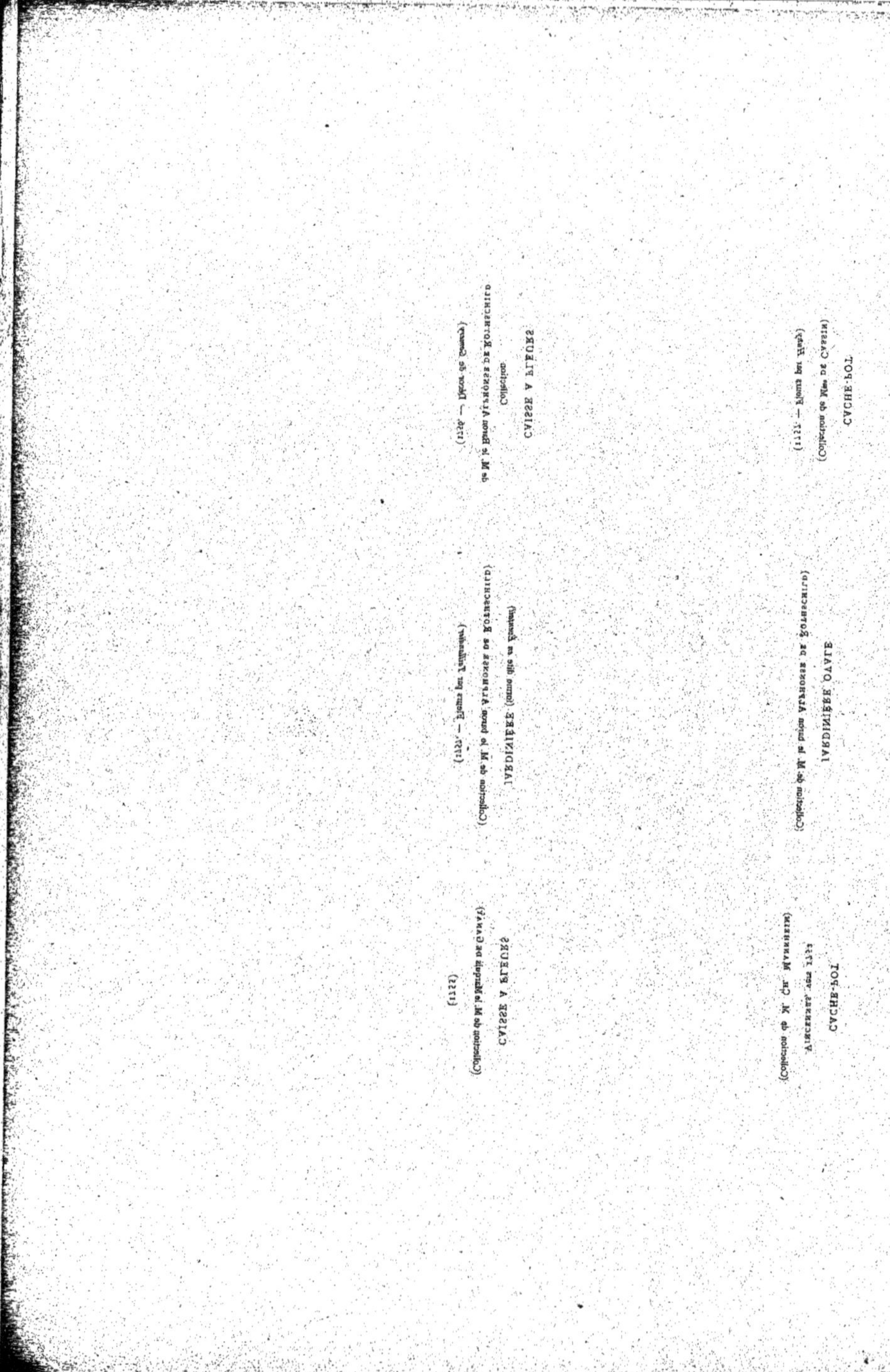

FONTAINE D'APPLIQUE et sa CUVETTE

Décor en camaïeu bleu ; — chairs dites *saumonnées*.

(Collection de M. Barre)

———

(La fontaine est datée de 1755. — La cuvette peinte par *Rosset* et dorée
par *Prévost* est une pièce de réassortiment décorée en 1785.)

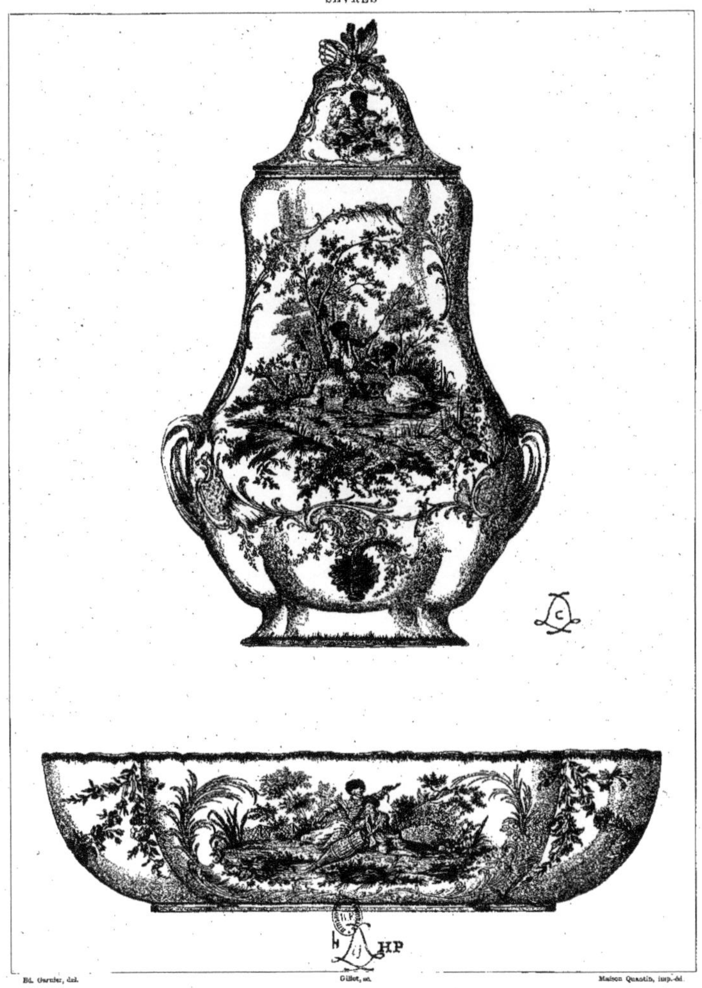

Ed. Garnier, del.  Gillot, sc.  Maison Quantin, imp.-éd.

SERVICE A THÉ, dit *SOLITAIRE*

(*South Kensington Museum* — Collection JONES)

(1760)

SERVICE A CAFÉ, dit *SOLITAIRE*

(*South Kensington Museum*)

(Sans marques)

MODÈLES D'OISEAUX

pour

*références* de décoration

MODÈLES D'OISEAUX

pour

*références* de décoration

VASE ; — forme dite *Pot-Pourri*

(Collection de S. M. LA REINE D'ANGLETERRE.)

1757

GARNITURE DE CINQ VASES

(Collection de M. Alfred de Rothschild, à Londres)

1757. — Fleurs par *Taillandier*.

JARDINIÈRES

en forme de piédestal carré

(*South Kensington Museum* — Collection Jones)

1757. — Fleurs par *Binet*

JARDINIÈRE OVALE

Collection de M. L. B...

JARDINIÈRES

en forme de piédestal carré

(*South Kensington Museum* — Collection Jones)

1757. — Fleurs par *Binet*

VASE

ayant fait partie des porcelaines
envoyées par Louis XVI
à Tippoo-Sahib en 1788 (1).
South Kensington Museum
(*Collection Jones*).

VASE *A CAMÉES*
South Kensington Museum
(*Collection Jones*).

VASE A FRISE

—

Collection
de
S. M. la Reine d'Angleterre
à Windsor-Castle.

(1) Les porcelaines de Sèvres offertes à Tippoo-Sahib par le roi Louis XVI, et remises aux trois Ambassadeurs qu'il avait envoyés en 1788 à la cour de France, se montaient à la somme de 33,126 l. Le vase que reproduit notre planche était porté sur l'inventaire pour 960 l.

Éd. Garnier, del.
Gillot, sc.
Maison Quantin, Imp.-édit.

VASE

à fond *berclé* d'or

—

SOUTH KENSINGTON MUSEUM.

VASE A CARTEL

—

Collection de M. WERTHEIMER.

VASE

fond dit à *œil-de-perdrix*

—

SOUTH KENSINGTON MUSEUM

(*Collection Jones*).

Ed. Garnier, del.

Gillot, sc.

Maison Quantin, imp.-éd.

PORCELAINES *AU DAUPHIN*

TASSE (forme dite à *la Reine*)
et sa soucoupe
Collection de M. GOODE
1781 (¹). — Fleurs par *Bulidon*,
dorure de *Le Guay*.

VASE
fond dit à *œil-de-perdrix*
SOUTH KENSINGTON MUSEUM.

TASSE (forme dite *carrée*)
commémorative de la naissance du Dauphin,
fils aîné de Louis XVI,
le 22 octobre 1781.
SOUTH KENSINGTON MUSEUM. — Décor de *Levé aîné*.

(1) Cette tasse, qui a fait partie de la collection de M. L. Double, avait été offerte à Marie-Antoinette lors de la naissance du premier Dauphin, né le 22 octobre 1781 et mort à Versailles le 4 juin 1789. Les lettres DD qu'elle porte, — ainsi que la tasse reproduite en regard, — prouvent que c'est par erreur que la lettre J a été supprimée jusqu'ici dans la table chronologique des lettres employées pour dater les pièces de Sèvres. Il faut donc rétablir ainsi les années correspondantes aux lettres usitées : I, 1761 ; J, 1762 ; K, 1763, etc., etc.

Ed. Garnier, del.

Gillot, sc.

Maison Quantin, imp.-éd.

VASE A CULOTS

—

Collection

de Sir Richard Wallace.

VASE FONTAINE A DAUPHINS

—

Collection

de Sir Richard Wallace.

VASE A CULOTS

—

Collection

de Sir Richard Wallace.

SÈVRES

Ed. Garnier, del. — Gillot, sc. — Maison Quantin, Imp.-éd.

VASE ; — forme dite *Vaisseau à Mat*

(VINCENNES, vers 1753)

(Collection de M. le Baron ALPHONSE DE ROTHSCHILD)

Jul. Garnier, del.     Gillot, sc.     Maison Quantin, Imp.-Éd.

COLLECTION DE M. GOODE

—

1782. — Fleurs, par *Barrat*.

Dorure de *Prévost*.

MUSÉE DES ARTS DÉCORATIFS

—

1778. — Fleurs, par *Chapuis* aîné.

COLLECTION DE M. GOODÉ

—

1782. — Fleurs, par *Huny*. — Dorure de *Prévost*.

COLLECTION DE M. GOODE

—

Service de Mme Du Barry.

—

1773. — Fleurs et enfants, par *Vanhié*.

Décoration de *Le Guay*. — Dorure de *Bienfait*.

COLLECTION DE M. GOODE

—

1782. — Composition de *Capelle*.

Fleurs, par *Huny*. — Dorure de *Vincent*.

COLLECTION DE M. GOODE

—

1782. — Composition de *Capelle*.

Fleurs, par *Huny*. — Dorure de *Prévost*.

Ed. Garnier, del.

Gillot, sc.

Maison Quantin, Imp-éd.

GARNITURES DE CINQ VASES

Cartels d'après *Huet*.

(Collection de M. le Baron Adolphe de Rothschild.)

Collection de S. M. la Reine d'Angleterre

(Buckingham-Palace.)

VASE A GAINE

SOUTH-KENSINGTON MUSEUM

(*Ancienne collection Jones.*)

VASE A GAINE

(Collection de M. Audéoud.)

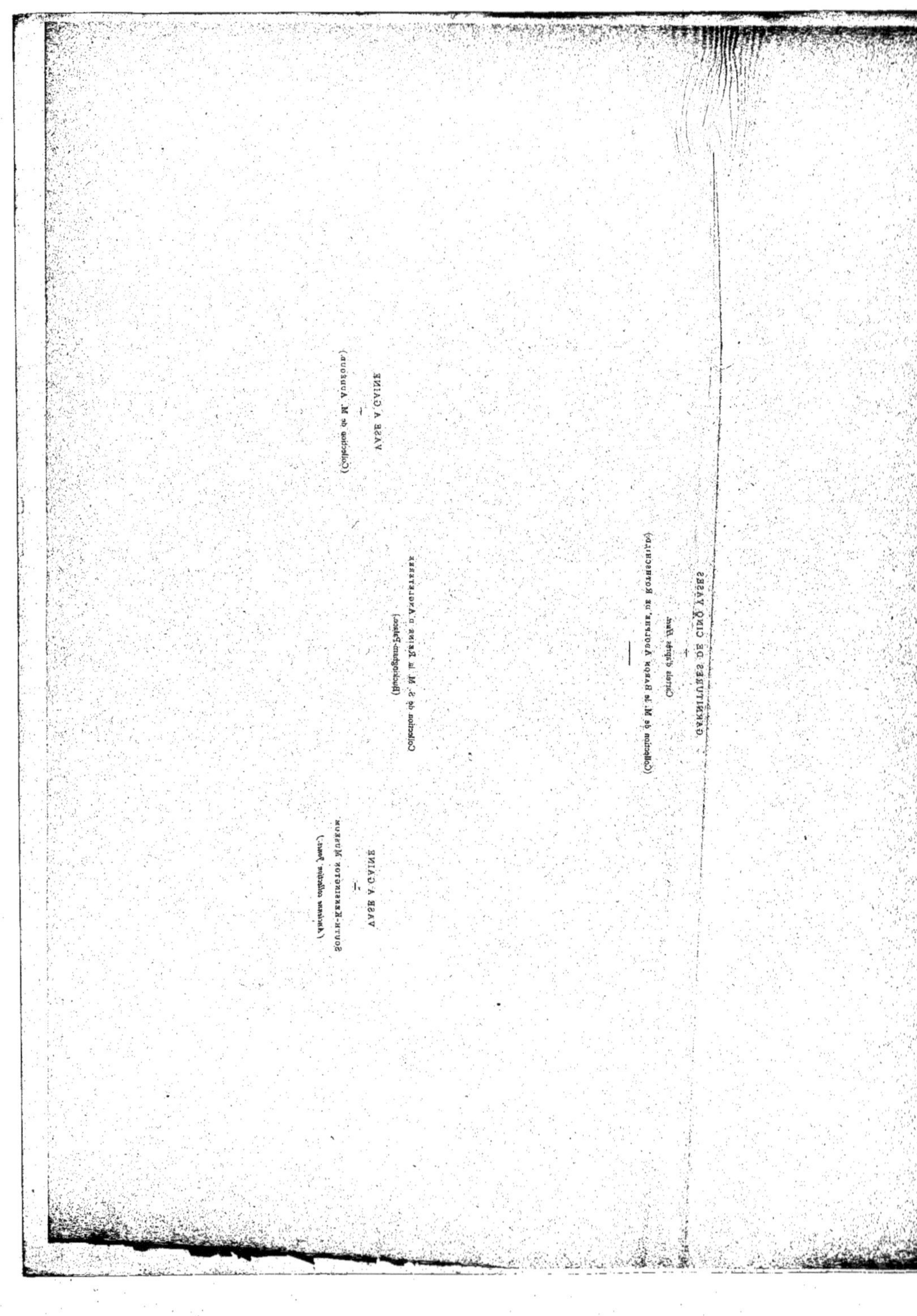

Ed. Garnier, del.　　　Gillot, sc.　　　Maison Quantin, imp.-éd.

VASE
A
MÉDAILLON DE MARIE-THÉRÈSE

—

Collection de S. M. la Reine d'Angleterre
(Buckingham-Palace.)

—

PLATEAU A RUBAN

—

(Collection de M. ***)

VASE
A
MÉDAILLON DE MARIE-THÉRÈSE

Collection de S. M. la Reine d'Angleterre
(Buckingham-Palace.)

PLATEAU A RUBAN

(Collection de M. ***)

Éd. Garnier, del.    Gillot, sc.    Maison Quantin, imp.-éd.

DÉCOR BLEU ET OR

—

Collection WATELIN.

—

(Collection de M. le Baron Alphonse de Rothschild.)

Collection de M. Fournier.

Collection WATELIN.

—

Dorure de *Couturier*.

Ed. Garnier, del.  Gillot, sc.  Maison Quantin, imp.-éd.

VASE A CULOT

—

(Collection de M<sup>me</sup> la Duchesse d'Uzès.)

VASE A FESTONS

—

(Collection de Sir Richard Wallace.)

VASE A CULOT

—

(Collection de M. Berthet.)

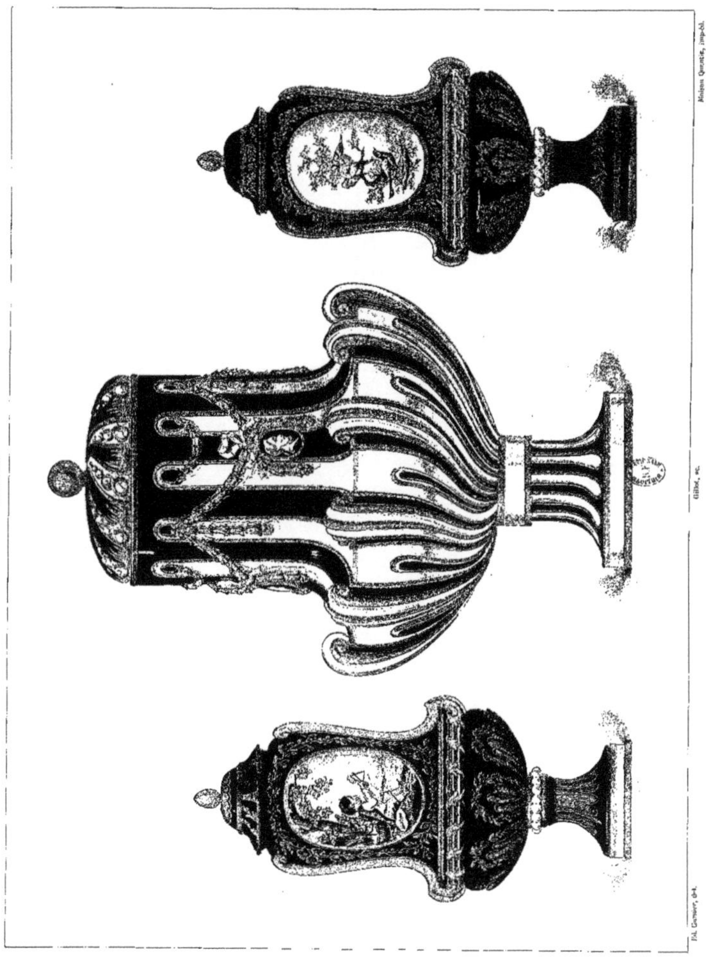

SÈVRES
Éd. Garnier, del.
Gillot, sc.
Maison Quantin, imp.-éd.

JARDINIÈRE (?)
Marquée au chiffre de Louis XV.
—
Collection de Sir Richard Wallace

VASE TULIPE
—
Collection de Sir Richard Wallace

VASE TULIPE
—
Collection de M. L. Berthet

VASE A FLEURONS
de forme surbaissée.
—
Collection de Sir Richard Wallace

SÈVRES

VASE
à figures d'animaux.

—

Collection
de S. M. la Reine d'Angleterre
à Buckingham Palace

Collection
de
M. Dupont-Auberville.

Collection
de
M. Beurdeley.

PORCELAINES
à émaux en relief sur paillons
et plaques d'or.
(*Jewelled Sèvres.*)
—

Musée
des
Arts décoratifs

Collection
de
M. le Baron Gustave de Rothschild.

Collection
de
M. Alfred André

Collection
de
MM. Fournier Frères

Collection
de
M. Alfred André

Collection
de
M. Dupost-Auberville.

Collection
de
M. Beurdeley.

Musée
des
Arts Décoratifs

PORCELAINES
à émaux en relief sur paillons
et plaques d'or.
(Jewitt: Sèvres.)
—
Collection
de
M. le Baron Gustave de Rothschild

Collection
de
M. Alfred André.

Collection
de
MM. Fournier Frères.

Collection
de
M. Alfred André

SÈVRES

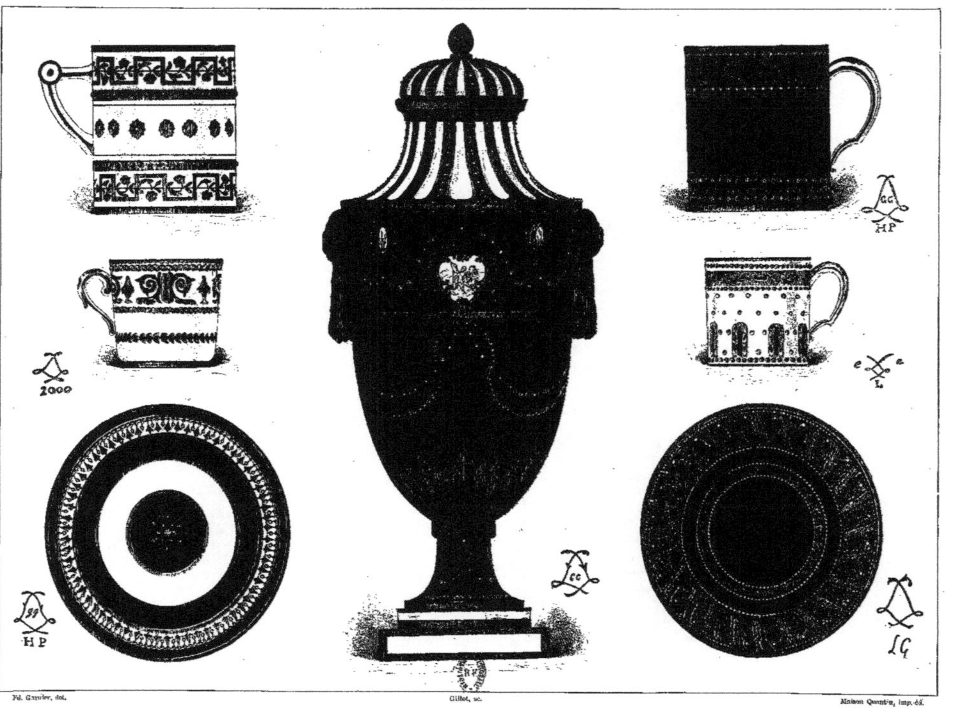

Fd. Garnier, del.
Gillot, sc.
Maison Quantin, imp.-éd.

VASE OVALE A CÔTES
reperçé à jour.

—

1758

—

Collection de M<sup>lle</sup> Grandjean


VASE MÉDICIS
à fleurs en relief.

—

Première période de la fabrication
à Vincennes.

Musée du Louvre. — Collection Thiers


VASE
reperçé à jour,
fleurs en relief.

—

Collection de M. Goode


PETIT PLATEAU
à bord ajouré.

—

Peintures de *Morin*.

—

Collection de M. Goode


JARDINIÈRE(?)
à cloison mobile.

—

1774. — Fleurs et oiseaux, par *Chapuis aîné*.
Dorure de *Thévenet* et *Vincent*.

—

Collection de M. Goode


CORBEILLE AJOURÉE

—

Collection de M. Goode

VASE
repercé à jour.
fleurs en relief.
—
Collection de M. Goode

VASE MÉDICIS
à fleurs, en relief.
—
Première période de la fabrication.
à Vincennes.
—
Musée du Louvre. — Collection Thiers

VASE OVALE A CÔTES
repercé à jour.
—
1758
—
Collection de Mme GRANDJEAN

CORBEILLE AJOURÉE
—
Collection de M. Goode

JARDINIÈRE (?)
à cloison mobile.
—
1774. — Fleurs et oiseaux, par Chabry ainé.
Dorure de Théraud et Vincent.
—
Collection de M. Goode.

PETIT PLATEAU
à bord ajouré.
—
Peintures de Morin.
—
Collection de M. Goode.

Éd. Garnier, del.     Gillot, sc.     Maison Quantin, Imp.-éd.

VASE A MASCARONS

—

(Collection de M. le Baron Alphonse de Rothschild)

VASE

FOND BLEU CAILLOUTÉ ET CULOTS VERTS

—

Fleurs par *Tandart.*

(Collection de M<sup>lle</sup> Grandjean)

VASE ROSE A GUIRLANDES

—

Fab. de 1757. — Fleurs par *Levé.*

(Collection de M<sup>lle</sup> Grandjean)

Ed. Garnier, del.

Gillot, sc.

Maison Quantin, Imp.-éd.

VASE OVOÏDE A CARTEL

—

(Collection de Sir Richard Wallace)

VASE A COL CYLINDRIQUE

A CANAUX

—

(Collection de Sir Richard Wallace)

VASE OVOÏDE A COUVERCLE PERLE

—

South-Kensington Museum

Ed. Garnier, del.  Gillot, sc.  Maison Quantin, imp.-éd.

## SERVICE EXÉCUTÉ POUR L'IMPÉRATRICE DE RUSSIE

EN 1778

—

(Collection de M. Goode)

Dorure de *Vincent* et *Le Guay*. — Fleurs par *Barre* et *Taillandier*.

VASE A GUIRLANDES
—
(Collection de Sir Richard Wallace)

VASE JARDINIÈRE
—
(Collection de M. le Baron Gustave de Rothschild)

VASE JARDINIÈRE A DAUPHINS
—
(Collection de Sir Richard Wallace)

Ed. Garnier, del.  Gillot, sc.  Maison Quantin, imp.-éd.

VASE SEMI-OVOÏDE ALLONGÉ

—

Appartenant à M. Davis.

(Ancienne collection de Lord Dudley)

VASE A QUATRE CARTELS

—

(Collection de M. le Baron Adolphe de Rothschild)

————

Sujets peints par *Morin*.

VASE OVOÏDE

—

Appartenant à M. Davis.

(Ancienne collection de Lord Dudley)

Ed. Garnier, del.  Gillot, sc.  Maison Quantin, Imp.-Éd.

VASE

A COL CYLINDRIQUE

—

(Collection Jones

AU SOUTH KENSINGTON MUSEUM)


VASE

A TÊTES DE BÉLIER

—

(Collection de M. BERTHET)


VASE

A COL CYLINDRIQUE

—

(Collection de M. F. DUBOIS)

VASE
A col cylindrique
—
(Collection de M. F. Dubois)

VASE
A têtes de Bélier
—
(Collection de M. Barthet)

VASE
A col cylindrique
—
(Collection Jones
au South Kensington Museum)

Ed. Garnier, del. — Gillot, sc. — Maison Quantin, imp.-éd.

VASE SIRÈNES

—

(Collection de Sir Richard Wallace)

VASE DRAPÉ

—

(Collection de Sir Richard Wallace)

VASE A PEAUX DE BOUC

—

(Collection do M. Berthet)

J.-L. Garnier, del.
Gillot, sc.
Nachon Quantin, imp.-éd.

VASE A LACETS

—

(Collection de M. Alfred de Rothschild)

VASE

—

(Collection de M. Berthet)

VASE A QUATRE MÉDAILLONS

—

(Collection de S. M. la Reine d'Angleterre)

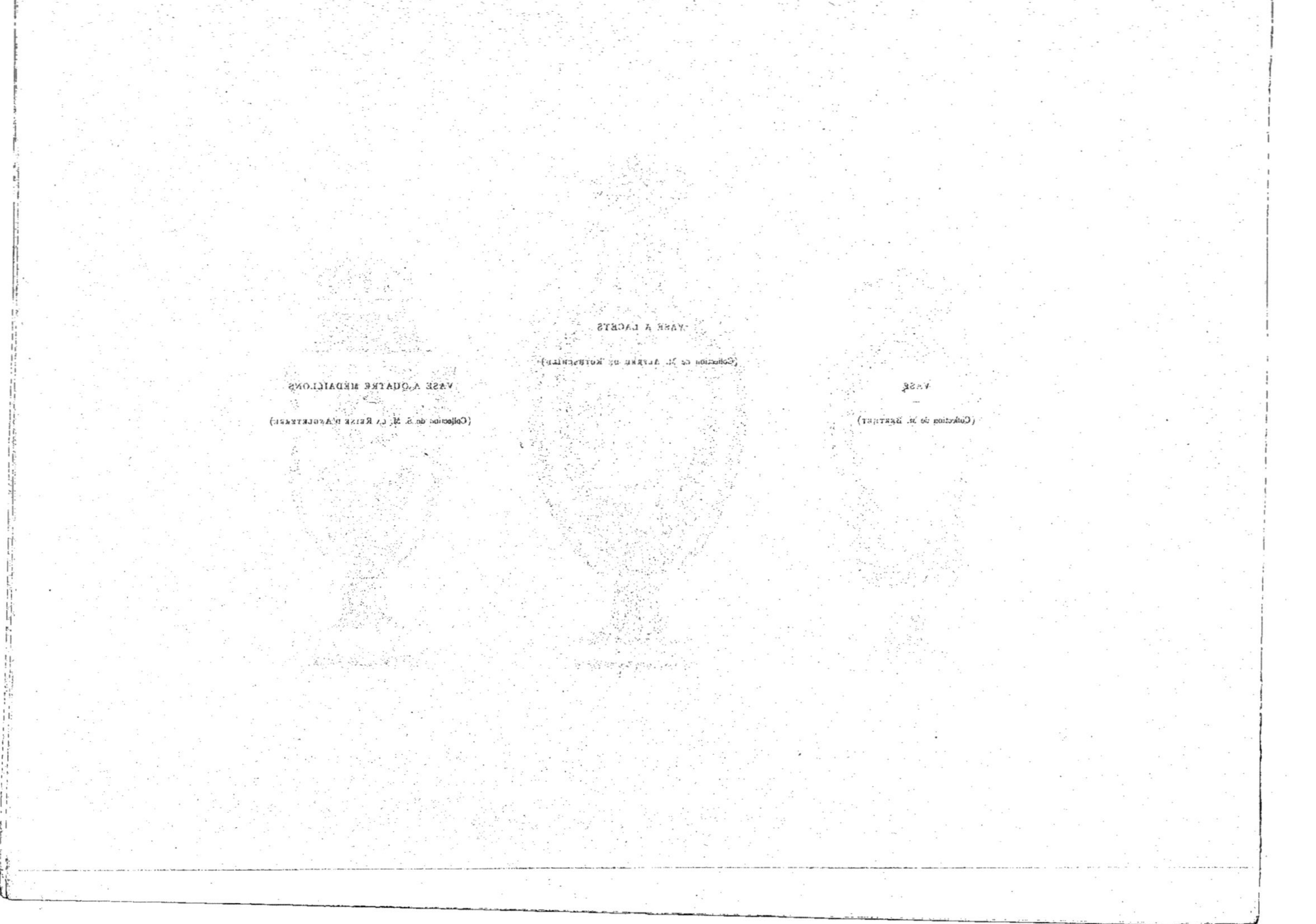

VASE À QUATRE MÉDAILLONS

(Collection de S. M. la Reine d'Angleterre.)

VASE À LACETS

(Collection de M. Alfred de Rothschild.)

VASE

(Collection de M. Bazzard.)

SÈVRES
Ed. Garnier, del.
Gillot, sc.
Maison Quantin, imp.-éd.

VASE COMMÉMORATIF

DE LA PAIX SIGNÉE ENTRE LA SUÈDE

ET LA RUSSIE[1]

—

(Collection Jones, au South Kensington

Museum)

1. Sur le parchemin que tient le personnage près du
tonneau sont inscrits les mots : *Neutralité armée.*


PETIT VASE

SUR PIÉDESTAL

—

(Collection

de M. le Baron Alphonse de Rothschild)


VASE SEMI-OVOÏDE

—

(Collection de M. Berthet)

VASE COMMÉMORATIF
DE LA PAIX SIGNÉE ENTRE LA GUERRE
ET LA RUSSIE :
—
(Collection József, au Soógó Kézsixéroz
Muséum)

1. Sur le parchemin que tient le personnage près du
tonneau sont inscrits les mots : Moskauiske arené.

PETIT VASE
SUR PIÉDESTAL
—
(Collection
de M. le Baron Alphonse de Rothschild)

VASE SEMI-OVOIDE
—
(Collection de M. Berthier)

Ed. Garnier, del.     Gillot, sc.     Maison Quantin, imp.-éd.

VASE CALICE
A COUVERCLE REPERCÉ A JOUR
—
Sujet peint par *Morin.*

Collection de S. M. LA REINE D'ANGLETERRE,
à Buckingham-Palace


VASE BALUSTRE A COUVERCLE
FOND CAILLOUTÉ
—
(Collection de M. LE BARON ADOLPHE DE ROTHSCHILD)


VASE CALICE A COUVERCLE
—
Sujet par *Morin.*

(Collection de SIR RICHARD WALLACE)

SÈVRES
Ed. Cormier, del.
Gillot, sc.
Maison Quantin, Imp. édit.

VASE A PERLES

—

(Collection de Sir Richard Wallace.)

VASE-GUIRLANDE

—

(Collection de M. L. Berthey.)

VASE-GUIRLANDE, A GRECQUE

—

(Collection de M. Schmidt.)

VASE GUIRLANDE A GRECQUE
(Collection de M. Schnitz.)
VASE A PERLES
(Collection de Sir Richard Wallace.)
VASE GUIRLANDE
(Collection de M. L. Barthez.)

Ed. Garnier, del.    Gillot, sc.    Maison Quantin, imp.-éd.

PIÈCES A DÉCOR, BLANC ET OR
—
Musée des Arts décoratifs.

PIÈCES A DÉCOR, BLANC ET OR

—

Musée des Arts Décoratifs.

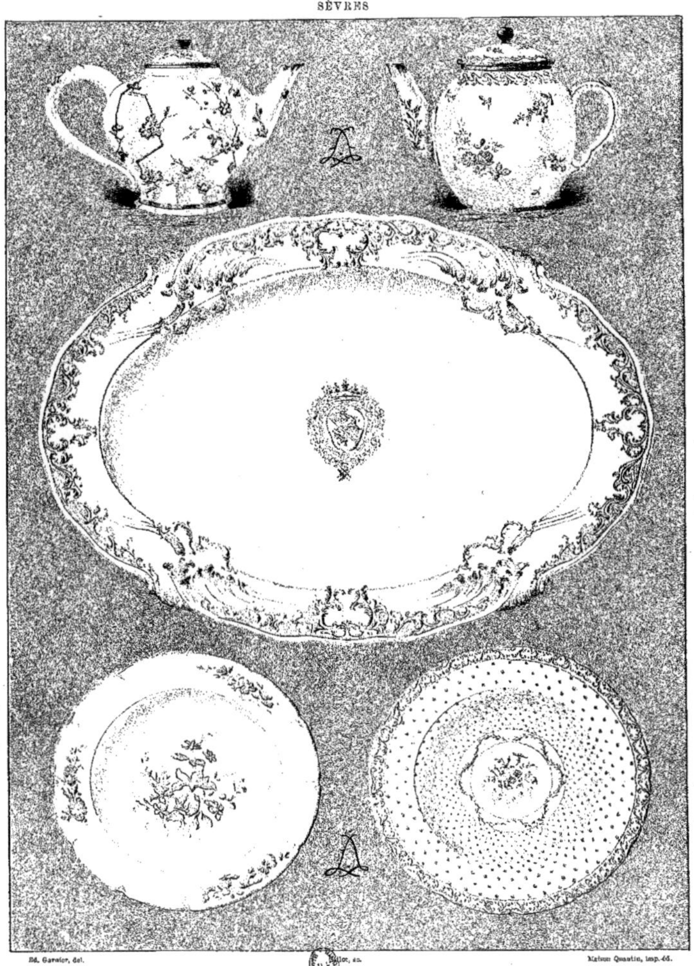


Ed. Garnier, del.
Millot, sc.
Maison Quantin, imp. 66.

PLAQUES DE MEUBLES

—

(Collection de M. le Baron Alphonse de Rothschild.)

PLAQUES DE MEUBLES

—

(Collection de M. le Baron Alphonse de Rothschild.)

SÈVRES

VASE A RÉSERVES

MONTÉ EN PENDULE, A CADRAN HORIZONTAL

—

(Collection Jones, au South-Kensington Museum.)

Collection
de
M. le Baron Alphonse de Rothschild.

Collection
de
M. le Baron Alphonse de Rothschild.

Ant. Corneir, del.    Gillot, sc.    Maison Quantin, imp.-éd.

ÉCRITOIRE
DONNÉE A MARIE-ANTOINETTE PAR LOUIS XV

(Collection de SIR RICHARD WALLACE.)

Ph. Garnier, del.                    Gillot, sc.                    Maison Quantin, imp.-édit.

# TABLE

---

## TROISIÈME LIVRAISON

## QUATRIÈME LIVRAISON



## CINQUIÈME LIVRAISON

## SIXIÈME LIVRAISON



## SEPTIEME LIVRAISON

## DIXIÈME LIVRAISON